良い経済学 悪い経済学

ポール・クルーグマン
山岡洋一＝訳

POP INTERNATIONALISM

by Paul Krugman

This translation published by arrangement with
The MIT Press
through The English Agency (Japan) Ltd.

目次

良い経済学　悪い経済学

序文

数年前の一二月のある日、リトル・ロックで、ジョン・スカリーの講演を聞いていたとき、わたしは大きな発見をしたように思った。

それは講演者が意図したのとは、まったく違った発見だった。スカリーは当時、アップル・コンピューターのCEO（最高経営責任者）であり、デジタルの世界の未来について、幅広く発言することで知られていた。そして、ハイテク業界のビジョンを示す指導者としてもてはやされていたうえ、クリントン次期大統領に近い経営者の筆頭にあげられていた。そこで、政権移行チームがリトル・ロックで経済サミットを開催したとき、マサチューセッツ工科大学のレスター・サロー教授が基調講演を行ったあと、スカリーがグローバル経済の現実について講演した。国が企業とおなじように、グローバル市場をめぐって競争を繰り広げているというのが、講演の趣旨であった。参加者はこの見方に明らかに賛意を示し、クリントン次期大統領も例外ではなかった。

しかし、わたしの反応は違っていた。わたしは貿易について少しは詳しいと考えており、スカリーには自分がなにを語っているのか、まったくわかっていないと思えた（当時は知らなかったが、スティーブン・レビーの『マッキントッシュ物語――僕らを変えたコンピュータ』によれば、コンピューター業界でもスカリーの技術のビジョンに関して、おなじように感じている人が多いという）。しかし、問題の核心は、誤解しているのがスカリーだけではないことだ。会議では、しっかりした知識をもつまともな経済学者も何人か発言したが、講演者の大部分はそうではなく、とくに、参加者と新政権の受けがよかった人たちはそうではなかった。つまり、リトル・ロックの経済サミットで語られたのは、一種の俗流国際経済学であり、説得力がある高度な議論のように聞こえるが、まともな国際経済論とは似ても似つかぬものなのである。

なにかが、とてつもなくおかしくなっている。人間の心理をテーマに、世界を代表する専門家が集まると銘打って、世間の注目を集める会議が開かれ、その冒頭で、心理学とは無縁な裁判官が、各人の心の奥底にある子供の部分を呼び起こす方法を説教するようなものではないか。

しかし、この点を考えていて、俗流経済学がリトル・ロックの会議で主流になっているのも、偶然ではないことに気づいた。経済学を専攻したわけではないが、世界の現状に興味をもつ知的なアメリカ人（公共放送網のマクニール・レーラー・ニュースアワーを見ており、アトランティック誌やニューヨーク・レビュー・オブ・ブックス紙を講読している人たち）が、国際経済問題について知識を得ようとするとき、どうするかを考えてみればいい。どういう本を読むだろうか。本書第5章に、最近出版された本から、きわめて大きな影響をあたえたレスター・サローの『大接戦』などの必読書の例を紹介した。必読書はいずれも、二つの特徴をもっている。第一に、スカリーが語った内容とほぼ変わらない世界の見方を説いており、レスター・サローの言葉を借りるなら、貿易とは国と国との間の「勝つか負けるか」の競争だとしている。第二に、貿易について経済学者が語る理論には、ほとんどといっていいほど触れていない（たとえば、レスター・サローの『大接戦』の索引を見ると、「比較優位」の項目がない）。

言い換えれば、経済学者が国際経済について、約二〇〇年にわたって懸命に考え、研究してきたことは、デービッド・ヒュームの「貿易収支論」以来の経済学の伝統は、公の議論の場ではまったく無視されているのである。そして、怪しげな論法が主流の座を占め、むずかしい問題を真剣に考えようとはしないが、高度な理論を論じているかのように思わせたい人たちが、それに飛びついている。こうした論法が貿易に関する議論を完全に支配しているため、貿易についてなにかを学ぼうと思った人は、大学の教科書を読まないかぎり、もっとまともな理論があることには、おそらく気づかないだろう。

このような論法は「俗流国際経済論」とでもいうべきものだと、わたしは考えるようになったが、貿易に関するまともな理論が駆逐されて、俗流国際経済論がはびこるようになった原因はどこにあるのか。もちろん、人間の基本的な性質にも一因がある。賢明で深い知識をもつと自任している人たちにとってすら、安易に流れることへの誘惑はいつも強い。また、経済学者の影響力が全般に低下してきたことも一因になっている。三〇年前には経済学者の地位は高かったが、ケインズ流のマクロ経済政策が有効だと見なされていたことがその主因であり、マクロ経済学がいくつもの派に分かれて論争しあうようになって、権威が大きく損なわれている。マスコミや出版界の役割も無視できない。国民経済計算の読み方を知っていたり、貿易収支が貯蓄と投資の差に等しいことを理解している人たちが書く難解な論評よりも、俗流国際経済論者の考え方を好む傾向があるからだ。なかには、アトランティック誌のジェームズ・ファローズやアメリカン・プロスペクト誌のロバート・カトナーのように、重要なオピニオン誌の編集長が俗流国際経済論者であるケースもある。この二人は、まともな知識に反対する戦いの場として、自分の雑誌を使っているとすらいえる。

しかし、俗流国際経済論が力をつけた責任のかなりの部分は、幅広い国民に向けて自分たちの考え方を伝えようと努力しなかった国際経済学者にあるといえよう。世界経済に関心のある知的なアメリカ人に読んでもらえるようなものが、果たしてあるだろうか。たしかに、すぐれた教科書はいくつかあるが、読んで楽しいものではない。一流の国際経済学者のなかにも、コロンビア大学のジャグディッシュ・バグワティのように、新聞に論評を書き、ニュー・リパブリック誌に論文を発表し、公共放送網のテレビに出演する人がいる。しかし、新聞の論評や雑誌の論評は、国際経済の理論を十分に伝えるには適しておらず、まして、三分間のテレビ出演ではなにも伝えられない。国際経済では、あらゆる要因が少なくとも二方向に影響をあたえあうからである。そのうえ、リトル・ロックでの発見のあと、経済学者が知的な読者に向けてなにかを発言するとき、読者に期待するものが過剰になっていると思うようになった。たとえば、第三世界が巨額の外資を引きつける一方で、巨額の貿易黒字を出すのは会計の単純な恒等式から不可能であることを、読者が当然理解しているものと想定している。だから、いかにも権威がありそうな論者からそれが可能だという話を聞けば簡単に納得する読者とは、まともに対話ができない（ある有名な俗流国際経済論者が自分のキャリアについて、「運がよかったんだ、経済学者は文章が書けないから」と語ったという話を聞いたことがある。又聞きではあるが、信頼性は高い）。

リトル・ロックから帰ったとき、貿易に関するもっとも単純で基礎的な事実すら、公の議論で無視されていることに気づくようになっていた。数週間たって、アメリカ経済学会の会議で、この点について講演した（その内容は本書第8章に掲載されている）。しかし、わたしは発言の場を間違えていた。経済学者の馬鹿さかげんと視野の狭さを示す講演だという反応が一般的だったと、あるジャーナリストが語ったほどである。つぎに、ニューヨーク・レビュー・オブ・ブックス紙からローラ・ダンドレア・タイソンの『誰が誰を叩いているのか』の書評を依頼されたとき、わたしはもう一度懸念を表明しようと試みた。書評では、この本を称賛しながらも、貿易理論の不備を補おうとする高度な議論と、組織的な分析を頭から拒否する議論とを混同しないよう警告した。しかし、この書評は掲載を拒否された。「権威ある人たちを非難している」というのがその理由だった（掲載されなかった書評はそのまま、本書第7章に収録した）。

こうして、俗流国際経済論に反論するには、書き方を変えなければならないことに気づくようになった。経済学者以外の読者を対象に、明解で、効果的で、楽しくすらある論評を書かなければならない。そうしなければ、だれも読んではくれないのだ。経済学で使われる用語を思わせるような言葉は使ってはならない。経済学についてはかなり知識があると考えているが、実際にはまともな経済書を読んだことがない読者が対象だからだ。完全に完結したものでなければならない。読者に予備知識があると想定したり、経済学の権威に頼ったりしてはならず、まったく白紙の状態から議論を組み立てていかなければならない。そして最後に、正しいものでなければならず、揚げ足取りや大向こう狙いであってはならない。まともな経済分析がどういうものであるかを世界に示すことが、エッセイの目的だからだ。

そういうものが書けたとして、ではどこに発表すればいいのか。一九九三年後半になって、いくつかの機会に恵まれた。まず、フォーリン・アフェアーズ誌の編集長から、当時議論が白熱していた北米自由貿易協定（NAFTA）について寄稿の依頼を受けた（第10章に転載されている）。そこでわたしは、まずNAFTAに関して書き、つぎに競争力のテーマで執筆すると提案した。ほぼおなじ時期に、サイエンティフィック・アメリカン誌から、貿易について寄稿を依頼された。その直後に、ハーバード・ビジネス・レビュー誌にも、執筆を依頼された。それ以降は、これらの論評がきっかけになって、つぎつぎに依頼がくるようになった。こうして、幅広い読者を対象に国際経済をまともに論じた場合、読んでくれる読者がいることがわかった。

本書は、リトル・ロックでの発見以来、二年間に書いた文章の一部と、それらを読む際に参考になる以前の論評をまとめたものである。

第I部には、俗流国際経済論を攻撃する文を集めている。スタイルについて、いくつかの実験を試みたものでもある。第1章に掲載した論評は大きな反響があり、憤激を呼んだ。狙いどおりになったわけであり、多数の反応があった。とくに、俗流国際経済論を代表する人たちが、わたしの攻撃に憤激して反論し、ほとんど信じがたいほど、俗流国際経済論の誤りを示す例を提供してくれた。数値の扱い方がずさんであること、基本的な原理を無視していることなど、まさにわたしが非難した点を示してくれたのだ。これらの反論に対する答えを、第2章に転載した。第3章と第4章は、もっと落ちついたスタイルで書かれている。第3章は、サイエンティフィック・アメリカン誌のためにロバート・ローレンスと共同で書いたものであり、アメリカの貿易をテーマとする地味で、感情をまじえない論文である。第4章は、ハーバード・ビジネス・レビュー誌に発表したもので、経済学の初歩を説明するために最善を尽くした。最後の第5章は、リトル・ロックで開かれた経済サミットの二年後にアメリカ経済学会で行った講演であり、悪い理論とその提唱者がもてはやされている理由を説明しようと努めたものである。

もちろん、識者という名の野蛮人を相手に、経済学という文明を擁護する役割をわたしが担っていることには、皮肉を感じないわけではない。経済学者としての地位をわたしが確立できたのは、いわゆる「新貿易理論」の研究によってであり、この理論は、一九七〇年代後半に一般的だった理論のパラダイムに、いくつかの重要な点で挑戦するものである。わたしの現在の立場に似た例をさがすなら、スティーブン・ジェイ・グールドがあげられる。グールドが学者としての評価を得たのは、「断続平衡説」によって、進化がつねに一定のペースで進むのではなく、時期をおいて爆発的に進むと主張したからである。生物学の分野では、グールドはこの主張によって、ラジカル派に属することになった。しかし、幅広い読者向けに執筆するようになると、創造説の主張に対して進化論の基本を擁護する役割を担うべきだと考えるようになった。

それはともかく、第Ⅱ部は、牛を殺さないようにしながら、角を矯《た》めるようにしようと努めたものである。ここに収録した論文は第Ⅰ部のものより読みにくいが、その一因は、主張を聞いてもらうためになにが必要なのかに気づく前に書かれたことにある。それでも本書に収めたのは、わたしの歩みを示すだけでも意味があると考えたからだ。第6章は、まともな考え方を提示すれば、俗流国際経済論者も耳を傾けてくれると期待していたころのものである。第7章は、掲載を拒否されたローラ・ダンドレア・タイソンの本の書評であり、ニューヨーク・レビュー・オブ・ブックス紙の編集者が経済学の伝統に敬意を払ってくれるはずだと誤解して書いたものである。第8章は、リトル・ロックの経済サミットの直後に、アメリカ経済学会で講演した内容である。

わたしが攻撃をはじめた後の短い期間ですら、俗流国際経済論の標的ははっきりと変わってきた。一九九二年には、経済大国の間の競争という見方が関心の的であった。しかしその後、数年間に、低賃金国の成長の影響が焦点になってきた。第9章は、九三年三月にメキシコシティで行った講演の記録である。通商政策に関しても、「新興市場」について当時一般的だった楽観的見方が行きすぎであることに関しても、わたしは先を見通していたのではないかと自負している。第10章は、フォーリン・アフェアーズ誌に発表したものであり、NAFTAがなにをもたらし、なにをもたらさないかを、冷静に論じたようとしたものである。第11章は、アジアの成長に関する安易な想定を見直すよう求めて、議論の幅を広げようと試みたものである。

それまでに貿易について書いたものでは、アメリカ経済の行方が国際競争にかかってい

ると の見方を批判することを中心としていたため、わたし自身の見方を明らかにする必要が出てきた。わたしの見方を一言でいうなら、世界市場での競争ではなく、技術の変化こそがアメリカ経済の問題をもたらしているというものである。第Ⅳ部に収めたエッセイは、二つの見方を提示するものであり、読者に対して、もっと深く考えるようながすものになっている。

最後に付け加えるなら、ジョン・スカリーには感謝している。経済学の考え方を伝える新しい方法を考えだし、経済学者がこれまで、ほとんど踏み込まなかった領域に大胆に進むきっかけを作ってくれたからだ。ここ数年間に、どれだけの人たちが納得してくれたのかはわからないが、少なくとも、俗流国際経済論ではない考え方があることは示せたと思う。そして、その過程で、経済学者も文章を書けることを証明できたと考えている。

I

ゼロ・サム社会の幻想

第1章　競争力という危険な幻想

仮説の誤り

一九九三年六月、コペンハーゲンで開催されたEC首脳会議で、欧州委員会のジャック・ドロール委員長は、深刻さを増すヨーロッパの失業問題をテーマに演説することになった。ヨーロッパの経済状況を分析しているエコノミストは、委員長がどのような発言をするのか、興味深く見守っていた。ヨーロッパが陥っている問題について、エコノミストの見方はほぼ共通している。ゆりかごから墓場までの福祉国家を支える税金と規制によって、企業は職の創出をしぶるようになった。たっぷりした失業給付がもらえるために、失業者は低賃金の職につこうとせず、アメリカとは違って、低賃金の職が増えて失業率が低く抑えられることがない。東西ドイツの統一に伴うコストが重荷になって、欧州通貨制度（EMS）を維持するために加盟各国が金利を引き上げざるをえなくなり、構造的な問題がますます深刻になっている。

この見方は説得力があるが、政治的には強い反発を招きかねない。そこで、エコノミストはみな、ドロール委員長がこれをどう料理するか、注目していた。ヨーロッパ各国の首脳に対して、経済面の公平を追求した結果、思わぬ副産物として失業が増えたのだと直言するのだろうか。欧州通貨統合がむずかしくなるのを覚悟のうえで、EMSを維持するには、不況というコストを負担するしかない事実を認めるのだろうか。

ドロール委員長は、この難問をどうさばいただろうか。福祉国家の問題にも、EMSの問題にも、まったく触れない方法をとった。そして、ヨーロッパの失業率が高いことの根本的な原因は、アメリカと日本に対する競争力がない点にあり、インフラストラクチャー（社会的生産基盤）とハイテクに投資する政策がその解決策だと訴えたのである。

肩透かしをくわされたようなものだが、おどろくには値しない。こうした競争力という主張は、世界各国のオピニオン・リーダーの間に広まっているからだ。この見方を代表するのは、世界の各国が「グローバル市場で競争を繰り広げている大企業のように」競争しているというクリントン大統領の発言である。各国が現在、直面している経済問題は要するに、世界市場での競争をめぐる問題であり、たとえばアメリカと日本は、コカ・コーラとペプシが競争しているのとおなじ意味で競争している……。こうした見方を、経済には詳しいと自信をもっている人たちが、当然のこととして受け入れており、この見方に真剣に疑問を投げかける者がいるとは、考えてもいない。二一世紀に向けた「レース」に敗北すれば大変なことになるとアメリカの国民に警告する本が、何か月かに一度は最新のベストセラーとして登場してくる。(1) ワシントンには、競争力をめぐる評議会、「ジオ・エコノミスト」、管理貿易理論家が雨後のたけのこのように登場し、一大産業をなすまでになった。こうした人たちの多くは、ドロール委員長がヨーロッパの経済問題について診断をくだしたのとほぼおなじ言葉で、アメリカの経済問題について診断をくだしており、いまではクリントン政権の中枢に入り込んで、アメリカの経済政策と通商政策を策定する立場に立っている。つまり、ドロール委員長は、便利で心地よい言葉を使ったというだけでなく、ヨーロッパでもアメリカでもうなずく人が多い言葉を使ったことになる。

問題は、この診断が、ヨーロッパを苦しめている病根について大きな誤解を招くものであり、アメリカに関しても、おなじように誤解を招くものであることだ。世界市場で成功を収められるかどうかで、各国の経済的な命運がほぼ決まるというのは、仮説にすぎず、真実だとはかぎらない。そして、現実の問題として考え、事実の裏付けを見ていくなら、この仮説はまったくの間違いである。つまり、世界の主要国にとって、他国との経済競争が大きな要因になっている事実はないし、これら各国の主要な経済問題のどれをとっても、世界市場での競争に負けていることに原因があるといえるものはない。先進国のほとんどで、国際競争力への懸念が高まっているが、それを裏付ける事実があるわけではなく、逆に、的外れであることを示す大量の事実があるなかでも、そう信じられているのである。しかし、そう信じたがっている人たちが多いのも、明らかだ。競争力の教義を説く人たちが、主張を裏付けようと、ずさんで間違いだらけの数値をあげる傾向があることを見れば、この見方を信じたいという欲求がいかに強いかがわかる。

以下では、三つの点を指摘したい。第一に、競争力に対する懸念は、実証的に見て、ほとんど根拠がないことを示す。第二に、にもかかわらず、経済問題の根源が国際競争力にあるという見方に魅力を感じる人がこれほど多い理由を説明しようと試みる。第三に、競争力にこだわるのは間違いであるというだけでなく、危険であり、国内政策を歪め、国際経済システムを脅かしかねないことを指摘する。いうまでもなく、政府の政策という観点からは、第三の点がもっとも重要である。競争力という観点から政策を考えていくと、国内政策、国際政策を問わず、医療制度から通商にいたる幅広い問題で、経済政策が直接、間接に間違った方向に導かれていく。

競争力という盲信

「競争力」という言葉を使う人たちは、ほとんどの場合、その意味を深く考えてはいない。企業間の競争から国の間の競争を類推するのは当然であって、アメリカが世界市場で競争力をもっているかどうかを問うのは、ゼネラル・モーターズが北米のミニバン市場で競争力をもっているかどうかを問うのと、基本的にはなんの違いもないと考えている。こうした見方が妥当かどうか、疑う理由はないと見ている。

しかし、実際には、国の競争力を判断するのは、企業の競争力を判断するときほど簡単ではない。企業であれば、決算書の当期損益の項を見れば、その力は判断できる。赤字を出しつづけて、従業員や仕入れ先や債券保有者への支払いができなくなれば、企業は存続できなくなる。したがって、企業に競争力がないというのは、市場での地位を維持できないという意味であり、業績を改善しなければ、存続できなくなるという意味である。これに対して、国は存続できなくなるわけではない。経済実績が満足のタネになったり、不満のタネになったりはするが、企業の当期損益にあたる数値が出されるわけではない。したがって、国の競争力という概念は、とらえどころがないものである。

一国の経済にとって当期損益にあたるのは貿易収支であり、国の競争力とはその国が輸入する以上に輸出できる能力であるとの単純な見方もありうる。しかし、理論のうえからも、事実を見ても、貿易黒字がその国の弱さを示すこともあるし、貿易赤字が強さを示す場合もある。たとえば、メキシコは一九八〇年代に巨額の貿易黒字を出していたが、これは国際投資家に追加融資を拒否され、対外債務の利払いを続けるために、そうせざるをえなかったからである。九〇年以降、国際投資家がメキシコをふたたび信認するようになり、新規の資金が流入するようになると、メキシコは逆に、巨額の貿易赤字を出すようになった。債務危機に苦しんでいたころのメキシコには国際競争力があり、九〇年以降のメキシコは国際競争力を失ったと、果たしていえるだろうか。

このため、競争力という概念に少しでも不安を感じた論者は、これを貿易収支の好調となにか別の基準の組み合わせによって定義しようとしている。競争力の一般的な定義のほとんどを代表する具体例をあげるなら、経済諮問委員会（CEA）のローラ・タイソン委員長がその著書、『誰が誰を叩いているのか――戦略的管理貿易は、アメリカの正しい選択か？』で、競争力とは、「国際競争の試練に耐えられる財とサービスを生み出しながら、国民の生活水準を向上させ、維持できる能力」であると述べている。これならもっともなように思えるが、じっくりと考え、事実とつきあわせていくと、この定義は表向きはよくても、内実がほとんどないことが理解されるはずである。

たとえば、一九五〇年代のアメリカのように、貿易をほとんど行っていない国の経済にとって、この定義がなにを意味するかを考えてみよう。こうした国では、貿易収支を均衡させられるかどうかは、為替レートが適切かどうかでほぼ決まってしまう。経済のなかで貿易が占める位置はきわめて小さいので、為替レートが生活水準にあたえる影響も、きわめて小さい。したがって、貿易をほとんど行っていない国では、国民の生活水準の向上（タイソンの定義に従うなら、国の「競争力」）は、ほぼすべて、国内要因によって、主に生産性の伸び率によって決まってくる。国内の生産性の伸び率であり、生産性伸び率の他国との違いではない。つまり、経済に占める貿易の比率が低い国では、「競争力」とは「生産性」を奇妙な言葉に置き換えただけのものになり、国際競争とはなんの関係もなくなる。

しかし、現在では主要国のほとんどで、貿易の重要性が高まっており、そうなれば当然、話が変わってくるのではないだろうか。たしかに変わる可能性がある。たとえば、こういう状況を想定してみよう。国内の生産性は着実に向上しているが、輸出市場で成功を収めるには、通貨の切り下げを繰り返し、世界市場での自国の輸出品の価格を引き下げつづけるしかない。この場合、生活水準は、国内で生産された財の購買力と、輸入品の購買力によって決まってくるので、生活水準が下がりつづける場合もある。経済学の用語を使うなら、国内経済の成長の影響よりも、交易条件悪化の悪影響の方が大きくなることがある。[2] この場合、「競争力」はたしかに、国際競争に関係してくると推定できる。

しかし、これを単なる推定にとどめておく理由はない。数値によって簡単にチェックできることだからである。交易条件の悪化はたしかに、アメリカの生活水準を押し下げる大きな要因になっているのだろうか。それとも、アメリカの実質所得の伸び率は、経済に占める貿易の比率が高まった現在でも、国内の生産性伸び率にほぼ等しくなっているのだろうか。

この問いに答えるには、商務省が「サーベイ・オブ・カレント・ビジネス」で定期的に発表している国民経済計算を見ればいい。アメリカの経済成長率を見る際に通常使われるのは、いうまでもなく、実質GNPである。これは、アメリカ国民が生産した財とサービスの総額を、適切な価格指数（デフレーター）で割って、国民総生産の実質値を推定したものである。ところが商務省はこれ以外に、「コマンドGNP」と呼ばれるものも発表している。これは実質GNPとほぼおなじだが、アメリカの輸出の実質値を算出する際に、輸出物価指数ではなく、輸入物価指数をデフレーターとして使っている。つまり、輸出の代金でどれだけの輸入品を買えるのかで、輸出の実質値が算出されている。このため、コマンドGNPは、アメリカ国民が生産した財とサービスの総額ではなく、アメリカ経済が購入できる財とサービスの総額（言い換えれば、アメリカの購買力）を示すものになっている。[3] そして、上述のように、「競争力」が「生産性」とは違うものだといえるのは、生産の伸び率にくらべて、購買力の伸び率が大幅に低い場合だけである。

では、数値を見てみよう。一九五九年から七三年までの間、つまり、アメリカの生活水準が順調に向上し、国際競争力が懸念されることがまずなかった時代には、労働時間一時間当たりの実質GNPは年に一・八五パーセント伸び、労働時間一時間当たりのコマンドGNPの伸び率はこれより若干高い年一・八七パーセントであった。一九七三年から九〇年までの間、つまり、生活水準がなかなか向上しなかった時期、一時間当たりのコマンド

GNPの伸び率は〇・六五パーセントまで低下した。しかし、この低下のほとんど（数値をあげれば、九一パーセント）は、国内の生産性伸び率の低下によって説明できる。この間の労働時間一時間当たり実質GNP成長率は、わずか〇・七三パーセントであった。ECと日本について同様の計算を行っても、同様の結果が出る。ECでも日本でも、生活水準の向上率は、国内生産性の伸び率とほぼ等しくなっている。競争相手国との生産性伸び率の違いではなく、国内の生産性伸び率そのものにほぼ等しいのである。世界貿易はたしかに、以前よりはるかに規模が大きくなったが、各国の生活水準を決める要因としては、国内要因が圧倒的な比率を占めており、世界市場での競争の影響は小さい。

相互依存がここまで進んだいまの世界で、どうしてそんなことが起こりうるのか。答えの一部は、考えられているほど相互依存が進んでいないというものである。国と企業では、性格が大きく違うのだ。現在ですら、アメリカの輸出総額は、国民が生産する付加価値（つまりGNP）の一〇パーセントにすぎない。アメリカではいまでも、国民が生産する財とサービスのほぼ九〇パーセントが国内向けになっている。これに対して、企業の場合には規模がいくら大きくても、生産のうち、自社の従業員に販売する部分はないに等しい。ゼネラル・モーターズの「輸出」（従業員以外に対する販売）は、事実上、売上高のほぼすべてを占めており、同社が生産する付加価値の二・五倍にのぼっている。

さらに、企業と企業が競争するようには、国と国は競争していない。コカ・コーラとペプシは純粋なライバル同士であり、コカ・コーラの売り上げのうち、ペプシコの従業員に販売される部分は無視できるほど少ない。コカ・コーラの従業員が購入するもののうち、ペプシコの製品は無視できるほど少ない。したがって、ペプシが成功を収めれば、コカ・コーラが打撃を受ける傾向がある。しかし、主要な先進国は、互いに競合する製品を売ってはいるが、同時に、それぞれが相手の主要な輸出市場になっており、主要な輸入先にもなっている。ヨーロッパの経済が好調になっても、アメリカ経済が打撃を受けるとはかぎらない。むしろ逆に、品質の高い製品を安い価格で販売できる輸出市場が拡大し、アメリカ経済にとってプラスになる可能性が高い。

したがって、貿易はゼロ・サム・ゲームではないことになる。日本の生産性が向上したとき、その結果起こるのは主に、日本の実質賃金の上昇である。アメリカとヨーロッパの実質賃金は、理論的にいえば、その結果として上昇する可能性も下落する可能性もほぼおなじだけあり、実際には、ほとんど影響を受けていないようだ。

以上の点をさらに細かく検討することもできるが、結論ははっきりしている。理論上、競争力が問題になることはありうるが、実際の問題としては、世界の主要国は現在、影響をあたえるほどの規模で経済競争を行っているわけではない。当然ながら、地位や力をめぐる競争はつねにある。経済成長率が高い国は、国際政治のなかで地位が向上していく。だから、他国と比較するのは、いつでも興味をひくことである。しかし、日本経済が成長すれば、アメリカの地位が低下するというのは、アメリカ人の生活水準が低下するというのとまったく違う。そして、競争力という言葉で主張されているのは、後者なのである。

もちろん、言葉はどう使おうと勝手だという立場をとることもできる。この場合、「競争力」という言葉を、国際競争とはなんの関係もなく、「生産性」を意味する詩的な表現として使うのは、各人の自由である。しかし、競争力の重要性を主張する論者で、この立場を認める人はいないだろう。こうした論者は、事実からまったく違った結論を導き出しているのが通常である。レスター・サローはベストセラーの『大接戦』で、いまの世界では、主要な先進国が「勝つか負けるか」の競争を繰り広げていると語っている。このような見方がいったいどこから出てきたのか、つぎに検討してみよう。

ずさんな計算

競争力の重要性を主張する大量の本や論文で、おどろくべき特徴のひとつになっているのは、きわめて優秀な著者が、「ずさんな計算」とでもいうべきものを繰り返し行っていることである。主張にあたっては指標の裏付けがあり、数値に示されているかのような印象をもたせているが、実際には、そこまでの数値を示しておらず、したがって、実際の数値が主張と食い違っていることに気づいていない。あるいは、主張を裏付ける数値が示されているケースでは、その数値を検討すれば主張に誤りがあることがわかるのに、著者はその点に気づいていない。競争力の重要性を強調する本や論文には、深く詮索しない読者には説得力のある数値だと思えても、そうした指標に詳しい者にとっては、奇妙なほど、不可解なほど、数値の取り扱いが不適切だと思える箇所が繰り返し出てくる。いくつかの例をあげれば、この点がよく理解されるだろう。以下にずさんな計算の例を三つあげるが、いずれも、興味をひかれる面があるものである。

貿易赤字と高賃金の職の喪失

最近、日本で発表されたある論文で、レスター・サローは日本の対米貿易黒字を減らすことの重要性を説明している。アメリカの実質賃金はレーガン、ブッシュの両政権の時代に六パーセント低下しており、その原因は、製造業製品の貿易赤字によって高賃金の製造業の労働者が、賃金がはるかに低いサービス業に移らざるをえなくなったことにあると、サローは説明している。

これは目新しい見方ではない。広く信じられている見方である。しかし、サローはほとんどの論者より具体的に主張しており、失われた職と賃金の数値を示している。貿易赤字の結果、一〇〇万人の雇用が失われ、製造業はサービス業より賃金水準が三〇パーセント高いとサローはいう。

どちらの数値も疑わしい。一〇〇万人の職というのは多すぎるし、製造業とサービス業の賃金格差の三〇パーセントは、主に労働時間の差によるものであって、時間当たり賃金の差によるものではない。しかし、ここでは、サローの数値を受け入れることにしよう。この数値は、主張を裏付けるものになっているのだろうか。

ここでカギになるのは、アメリカの雇用者数が一億人を大きく上回っている事実である。一〇〇万人の労働者が製造業で職を失い、サービス業に移った結果、三〇パーセントの格差分だけ賃金が下がったと想定しよう。この労働者はアメリカの全雇用者の一パーセントに満たないので、アメリカの平均賃金は三〇パーセントの一〇〇分の一以下、つまり、〇・三パーセント以下しか下がらない。

これでは小さすぎて、六パーセントの実質賃金低下を二〇分の一しか説明できない。これを別の観点から見てみよう。貿易赤字による空洞化がアメリカの経済問題の核心だとサローは主張していることになるが、それによる年間の賃金の喪失は、サローが示した数値によるなら、アメリカの医療費のほぼ一週間分にすぎなくなる。

どこかがおかしくなっている。サローほどの優秀な経済学者が、アメリカ経済にとって国際競争力が重要であることをしっかりした数値で示そうとした論文で、肝心の数値によって、アメリカの実質賃金低下の原因が主張しようとしている点にはないことが明確になる事実に気づいていないのだから。

高付加価値セクター

アイラ・マガジナーとロバート・ライシュはともに、クリントン政権の有力者だが、幅広い読者向けに書いたはじめての本は、一九八二年に出版された共著、『マインディング・アメリカズ・ビジネス』であった。この本で二人は、産業政策を提唱し、序文ではこの政策の根拠を、一見、明確な数値の裏付けがあると思わせる言葉でこう記している。「アメリカ国民の生活水準が向上するのは、(一) 資本と労働力が労働者一人当たりの付加価値の高い産業に流入していき、(二) これらの産業でアメリカが競争相手をしのぐ位置を維持できたときだけである」。

経済学者はこの見方に、原則の問題として懐疑的である。適切な産業に焦点を絞る際に、付加価値の高い産業に移行すればいいのであれば、民間の市場がとうの昔にそのような動きを見せているはずではないか(4)。しかし、経済学者が例によって、市場の力を過信しているだけだとして、この反論を無視することもできる。マガジナーとライシュはそんな反論を受けることは承知のうえで、経済の現実の動きを示す大量の事実によって、主張を裏付けているのではないだろうか。

たしかに、この本では大量の事実が取り上げられている。しかし、取り上げていない点もある。そのひとつに、序文で述べた基準を数値で裏付けていない点があげられる。この

表1.1　労働者1人当たりの付加価値（1988年）

（単位：100ドル）

タバコ	488
石油精製	283
自動車	99
鉄　鋼	97
航空機	68
エレクトロニクス	64
全製造業	66

本で選ばれた産業を見ると、高付加価値とはハイテクとほぼ同義だと二人が信じていることがわかる。しかし、この本のどこを読んでも、労働者一人当たりの付加価値を産業ごとに比較した箇所はない。

この比較のための数値は、入手がむずかしいわけではない。それどころか、アメリカのどの公立図書館にもおいてある『米国統計要覧』の各年版に、アメリカの産業ごとの付加価値と従業員数の統計がある。だから、電卓をもって図書館にいき、何分間かをかければ、労働者一人当たりの付加価値でみた産業のランキングを簡単に作成できる。

表1・1に示したのは、『米国統計要覧』一九九一年版の七四〇〜七四四ページからの抜粋である。この表を見ると、アメリカで労働者一人当たりの付加価値が高いのは、じつのところ、タバコ、石油精製のように資本集約性がきわめて高い産業であることがわかる（この結果は予想できることだ。資本集約性の高い産業では、巨額の投資に対して通常の利益率を確保しなければならないので、労働集約型の産業にくらべて、労働コストと製品価格の差を大きくしなければならない。つまり、労働者一人当たりの付加価値は高くな

る)。規模の大きい産業で比較すると、労働者一人当たりの付加価値は、鉄鋼、自動車など、歴史の古い重厚長大型の産業ほど高くなる傾向がある。航空宇宙、エレクトロニクスなどのハイテク産業では、平均に近い水準になっている。

この結果を見ても、正統派の経済学者は意外とは思わない。労働者一人当たりの付加価値が高い産業とは、資本集約性が高い産業である。そして、こうした産業では、資本一単位当たりの付加価値は逆に低くなっている。言い換えれば、すべての面ですばらしい産業なぞ、ありえない。

この表から、経済の仕組みを考えるのは本題ではないので、マガジナーとライシュが肝心の点を考慮しなかった奇妙さに話題を戻そう。この二人が、ハイテク産業よりも鉄鋼自動車産業に資本と労働力を振り向けるよう主張しているのでないことはたしかだ。では、高付加価値の産業に焦点をあてた政策を提言する本を書こうというときに、高付加価値の産業とはどの産業なのかを検討しなかったのは、なぜなのだろうか。

労働コスト

前述のコペンハーゲンでのEC首脳会議において、イギリスのジョン・メージャー首相は演説のなかで、ヨーロッパの単位労働コストがアメリカや日本より急速に上昇していることを示す図をもちだしている。ヨーロッパの労働者は賃金を上昇させすぎた結果、世界市場での競争力がなくなったと主張したことになる。

しかし数週間たって、フィナンシャル・タイムズ紙のサム・ブリタンが、メージャー首相の計算に奇妙な点があると指摘した。労働コストが為替レートで調整されていなかったのだ。いうまでもなく、国際競争でアメリカの企業にとって問題になるのは、ドル表示に換算したときの外国企業のコストであって、マルク表示や円表示のコストではない。このため、たとえばイングランド銀行が定期的に発表するものなど、労働コストの国別比較表では、共通の通貨建てに換算した数値を示すのが常識である。しかし、メージャー首相が使った数値は、この当然の換算がなされていなかった。そして、演説に使うには、この方が都合がよかった。ブリタンが指摘しているように、為替レートで調整すると、ヨーロッパの労働コストの上昇率は、アメリカや日本と比較して高くはないからである。

この見落としは、サローや、マガジナー、ライシュのものより、もっと奇妙だといえる。イギリス大蔵省の統計専門家集団がひかえていながら、常識的な調整を行わない数値を公の場で使うような失敗をなぜおかしたのか。

ずさんな計算の例はほかにもいくつもあり、このような間違いを避けられる頭脳と手段を十分にもっている人たちがなぜ、奇妙なほどずさんな数値を示すのか、理由を明らかにする必要があるだろう。いずれの場合にも、競争力の仮説への思い込みが強すぎて、仮説が事実にあっているかどうかを真剣に考えてみようとしなかったというのが、もっとも理解しやすい説明になろう。数値が、思い込みに信頼性をもたせるために使われ、思い込みが正しいかどうかを検証するためには使われていないのだろう。しかし、経済問題の根源が国際競争力にあると主張することに、ここまで熱意を燃やすのはなぜなのだろう。

競争の魅力

企業とおなじように、国も世界市場で競争しあっているという競争力の比喩が魅力的な理由は主に、一見、理解しやすい点にある。ビジネスマンの集まりで、国も大企業とおなじように競争していると説明すれば、それなら基本はわかっているという安心感をあたえることができる。比較優位などの経済学の概念を説明し、これまで知らなかったことを学ぶようながした場合と比較してみればいい。必死に考えるという苦しい作業を経なくても、高度なことがすぐに理解できたように思える理論を好む人が多いのは、あたりまえである。しかしそれだけではない。競争力という考え方がここまで広がった背景には、もっと深い理由が三つある。

第一に、競争は興奮を呼び、興奮があれば人びとは飛びつく。レスター・サローの大ベストセラー、『大接戦』の副題は「日米欧どこが勝つか」であり、表紙には、「世紀の決戦が始まった。……アメリカはすでに戦いを放棄しているのか」と書かれている。副題がもっと現実的であったらどうだろうか。たとえば、「今後の戦いで主要な経済国の成否を決めるのは、それぞれの努力であり、他の国がどう動くかとはほとんど関係がない」であれば……。サローの本は一〇分の一も売れただろうか。

第二に、アメリカ経済がぶつかっている問題は国際競争に負けている結果だと考えると、不思議なことに、問題の解決が容易なように思えてくる。アメリカの労働者の平均生産性は、きわめて多数の複雑な要因によって決まり、そのほとんどは、政府がどのような政策をとろうと、影響をあたえられないものである。したがって、「競争力の問題」とされているものの大部分がじつは、純粋に国内の生産性の問題であることを認めれば、劇的な改善が可能だという楽観的な見方はおそらくできなくなる。しかし、問題は国際競争に負けていることにあると信じ込めれば、つまり、輸入の増加で国内の高賃金の職が失われ、政府の補助を受けた外国企業との競争で、アメリカがハイテク産業から締め出されていると信じ込むことができれば、ハイテク業界に補助金を出すとか、通商問題で日本に強い姿勢をとるなど、簡単な政策で経済問題を解決できると思えるようになる。

第三に、競争力の比喩が政治的にきわめて好都合であることに気づいた政治家が多い。競争力を錦の御旗にすれば、国民にとってきびしい政策を正当化するためにも、きびしい政策を回避するためにも役に立つ。コペンハーゲンでのドロール委員長の演説は、問題回避に役立った好例である。EC首脳会議で、失業問題についてなにかを言わなければならなかった。しかし、失業増加のほんとうの原因のうちどれに触れても、政治的なリスクが大きすぎる。失業問題とは事実上、なんの関係もないが、いかにもそれらしく聞こえる競争力の問題を取り上げれば、もっとまともな答えを出すまでの時間を稼げる（半年後の一二月に発表したヨーロッパ経済白書で、ある程度まともな答えを出したといえるが、それでも白書のタイトルには「競争力」という言葉が入っていた）。

これに対して、一九九三年二月にクリントン大統領が発表して好評を博した経済政策を見ると、きびしい政策に説得力をもたせるために、競争力という主張が役立つことがわかる。この経済政策では、連邦財政赤字を削減するために、痛みを伴う財政支出削減と増税が提案された。なぜこうした政策をとったのか。財政赤字を削減するほんとうの理由は、失望させられるほど平凡である。財政赤字によって、生産的な投資にまわるはずの資金が吸い上げられ、アメリカの経済成長率がごくわずかずつではあるが、着実に押し下げられる。しかし、クリントン大統領はこうは主張せず、国民の愛国心を呼び起こす演説で、グローバル市場での競争力を確保するために行動を起こそうと呼びかけた。アメリカがいま行動しなければ、その結果、おそろしい事態になるとほのめかしたわけだ。

「競争力」という概念には中身がほとんどないことを知っていても、正しい政策を売り込む手段になると信じて、方便のためだけに競争力の重要性を主張する人は多い。一九五〇年代には、ソ連の脅威を大げさに言い立てることで、高速道路網の建設、理科系教育の拡充が正当化された。これと同様に、国際競争力を大げさに言い立てることで、財政赤字を削減し、インフラを再整備するなどの正しい政策を正当化できないだろうか。数年前であれば、こう期待できる理由は十分にあった。しかしいまでは、競争力という危険な妄想が肥大化し、経済政策が歪むようになっている。

妄想の危険

競争力を言い立て、この線に沿って考えていくことには、三つの大きな危険がある。第一に、アメリカの競争力を高めるとされる政策に、財政資金が無駄遣いされる危険がある。第二に、保護主義と貿易戦争を招きかねない。第三に、とくに重要な点として、幅広い重要な政策が歪みかねない。

一九五〇年代には、ソ連への恐怖心から、アメリカ政府は高速道路網の整備、理科系教育の拡充など、役立つ政策に財政資金を投じた。しかし、核戦争用のシェルターなど、効果が疑わしいものにも、巨額の資金が使われた。競争力という思い込みが強くなって、最大の問題はどこにあるにせよ、まず心配されるのは、おなじような資源の無駄遣いが生まれるのではないかという点である。例をあげるなら、政府の研究補助の配分に関する最近の指針では、アメリカの国際競争力を強化する研究を支援することの重要性が強調されている。これによって、一般に国際市場で競争している製造業の企業を支援する発明に重点がおかれ、一般に国際市場では競争していないサービス業の商品が軽視される傾向が、少なくともある程度出ている。しかし、いまでは雇用と付加価値の生産で見て、サービス産業は圧倒的な位置を占めている。製造業ではなく、サービス産業の生産性伸び率が低いことが、アメリカ国民の生活水準が停滞している最大の原因になっている。

それより大きな危険は、競争力にとらわれていると通商摩擦が激化し、世界的な貿易戦争すら引き起こしかねないことである。競争力の重要性を主張する人たちのほとんどは、古臭い保護貿易主義者ではない。世界の貿易競争で自国が脱落しないよう、勝利を収められるよう望んでいる。しかし、いくら努力しても、勝利できないと思えたり、勝利できるとの確信がもてなかった場合にはどうなるだろうか。その場合、競争力という観点からは、高賃金の職と価値の高い産業をすべて外国に奪われるより、国境を閉ざした方がましという結論になる。少なくとも、国際経済関係のうち、競争という側面に焦点を当てていれば、公然たる保護主義とまでいかないにしろ、外国との対決姿勢を望む見方を強める結果になる。

すでに、このような動きがアメリカでもヨーロッパでも起こっている。アメリカでは、ローラ・タイソンが著書で述べた介入主義の洗練された主張が、あっという間に単純化されて、ミッキー・カンター通商代表部代表が、対日貿易赤字によってアメリカで数百万人の職が失われていると主張するようになった。そしてクリントン大統領は、北米自由貿易協定（NAFTA）の批准を求めるにあたって、特化による利益ではなく、高賃金の職が創出されるとの見方を強調したため、メキシコの低賃金労働力との競争でアメリカの製造業の基盤が破壊されると攻撃されて、守勢にまわることになった。

しかし、競争力という妄想から生まれる危険のなかでもっとも深刻なものは、経済政策の議論と策定にあたえる微妙で間接的な影響であろう。政府の首脳がひとつの経済理論を強く主張していれば、すべての分野でその理論が政策の基調を決めることになり、その理論とは関係がないように見える分野ですら例外ではなくなる。そして、まったく誤っていることが事実によって証明できる理論に政府首脳が固執していれば、幅広い分野で、政策をめぐる議論の焦点がぼけ、質が低下する。競争力という理論の場合、本来の土俵である通商政策そのものとは遠く離れた分野でも、そうなる。

たとえば、医療制度改革について考えてみよう。これはクリントン政権にとって間違いなく、もっとも重要な課題であり、通商問題でとりうるどんな政策よりも（全面的な貿易戦争に突入すれば話は別だが）、アメリカ国民の生活水準にあたえる影響がまず確実に大きくなるはずである。医療制度改革は、国際的な関連がほとんどないため、競争力に対する誤った夢想から起こる政策の歪みには、ほとんど影響されないと予想されるはずだ。しかし、クリントン政権は、医療制度改革をアイラ・マガジナーに任せた。高付加価値の産業を政府が支援すべきだと主張する際に、不思議なことにしっかりした下調べをしなかったあのマガジナーである。マガジナーのそれまでの著作と経済政策に関するコンサルティングはほぼすべて、国際競争力の分野のものであり、その見方は一九九〇年に刊行された著書の題名、『静かな戦争』(邦訳『競争力の現実――世界企業戦争の勝者と敗者』)に要約されているともいえるだろう。もちろん、マガジナーが指名された背景はいくつもあり、大統領夫妻との長年の友情が決め手のひとつになったことは間違いない。しかし、競争力のイデオロギーを表看板にする政権で、ボストン・コンサルティング・グループに在籍した当時に学んだ企業戦略の概念に基づいて国の産業政策を打ち立てるべきだと長年にわたって主張してきたマガジナーが、経済政策の専門家と見られていたことは無関係とはいえない。

医療制度改革案が策定された過程が奇妙であったことも指摘できる。改革案策定の作業部会はきわめて大規模であったが、医療制度の分野で著名な専門家はほとんどだれも加わっていない。とくに、リベラル派として知られるブルッキングス研究所のヘンリー・アーロンはじめ、医療問題専門のエコノミストなどの専門家が参加していない。こうなった背景ももちろん、いくつもあるだろうが、マガジナーのように、競争力のイデオロギーにこりかたまった人物であれば、それまで、経済の専門家にとくに冷たくあしらわれてきたはずであり、他の分野についてであっても、これら専門家との協力に消極的であることと無関係だとは思えない。

きびしすぎるきらいはあるが、まったく根拠がないとはいえない比喩を使おう。創造説にこりかたまった政権は、進化論とは直接の関係がない分野であっても、まともな科学政策を打ち立てられるとは思えない。これと同様に、競争力というイデオロギーにこりかたまった政権は、まともな経済政策を打ち立てられるとは思えない。

裸の政治顧問

以上に指摘してきたように、競争力へのこだわりが間違いであり、有害であるのなら、そのような主張がもっと出てこないのはなぜなのか。この問いへの答えは、期待と恐怖にある。

期待の面では、望ましい経済政策を主張する際に、競争力という概念をうまく使えると期待している識者が多い。生産性を高めるためには、貯蓄率を引き上げ、教育制度を改革する必要があると信じているとしよう。生産性向上の利点は国際競争力とは関係がないことを認識しているとしても、競争力という言葉を使えば自分の主張に耳を傾けてくれる人が増えると考えているのなら、この言葉を使わない手はあるだろうか。まともな政策を訴えるときに、世論の誤解をうまく利用しようという誘惑には抗しがたい面があり、わたし自身、そういう誘惑に屈したことがある。

恐怖の面について触れるなら、世界の指導者の多くが、おそらくは大多数が信奉している考え方がまったくの誤りだと公言するのは、よほど勇気があるか、よほどのうっかり者である。競争力という概念を使えば、経済に詳しいことを示せると考えている人たちが多いのだから、このように公言すればますます有力者を侮辱する結果になる。わたしのこの論文は、多くの人びとに影響をあたえることはあっても、友人を増やすことにはならないだろう。

しかし、競争力という概念をうまく使えば、まともな経済政策を主張しやすくなると考えているエコノミストは、間違った考え方を主張することで信頼性を失う結果になろう。王様のワードローブに王様が考えているほどすばらしい服がないのであれば、だれかがそれを指摘しなければならない。

だから、真実をきちんと話すようにしようではないか。国の経済政策を考える際には、競争力は意味のない言葉なのだ。そして、競争力という妄想にとらわれるのは、間違いでもあるし、危険でもある。

［注］

（1）例をいくつかあげるなら、以下がある。ローラ・ダンドレア・タイソン著『誰が誰を叩いているのか――戦略的管理貿易は、アメリカの正しい選択か？』（阿部司訳、ダイヤモンド社、一九九三年）、レスター・C・サロー著『大接戦――日米欧どこが勝つか』（土屋尚彦訳、講談社、一九九二年）、アイラ・C・マガジナー、ロバート・B・ライシュ著 *Minding America's Business: The Decline and Rise of the American Economy*, New York: Vintage Books, 1983、アイラ・C・マガジナー、マーク・パティンキン著『競争力の現実――世界企業戦争の勝者と敗者』（青木栄一訳、ダイヤモンド社、一九九一年）、エドワード・N・ルトワク著『アメリカンドリームの終焉――世界経済戦争の新戦略』（長谷川慶太郎訳、飛鳥新社、一九九四年）、ケビン・P・フィリップス著 *Staying on Top: The Business Case for a National Industrial Strategy*, New York, Random House, 1984、クライド・V・プレストウィッツJr.著『日米逆転――成功と衰退の軌跡』（國弘正雄訳、ダイヤモンド社、一九八八年）、ウィリアム・S・ディートリッヒ著 *In the Shadow of the Rising Sun: The Political Roots of American Economic Decline*, University Park: Pennsylvania University Press, 1991、ジェフリー・E・ガーテン著 *A Cold Peace: America, Japan, Germany, and the Struggle for Supremacy*, New York : Times Books, 1992、ワイン・サンドホルツ他著 *The Highest Stakes: The Economic Foundations of the Next Security System*, Berkeley Roundtable on the International Economy

(BRIE), Oxford University Press, 1992。

（2）　理解を助けるために例をあげておくべきだろう。ある国が所得の二〇パーセントを輸入にあてており、輸入品の価格が国内要因ではなく、為替レートによって決まると想定する。その国が為替レートを一〇パーセント切り下げざるをえなくなると、その国の支出のうち二〇パーセントの部分で価格が一〇パーセント上昇するので、物価指数は全体として二パーセント上昇する。国内の生産高が変わらないと想定しても、その国の実質所得は二パーセント低下する。競争圧力によって為替レートを繰り返し切り下げざるをえなくなると、実質所得の伸び率はつねに、実質生産の伸び率を下回る。

しかし、ここで留意しておくべき点は、この二つの差が、為替レートの切り下げ幅に加えて、支出に占める輸入品の比率によっても決まってくることである。ドルの対円為替レートが一〇パーセント下落しても、アメリカの実質所得は一〇パーセント低下するわけではない。日本からの輸入品のアメリカの支出に占めるシェアは二パーセント前後にすぎないので、アメリカの実質所得は〇・二パーセント低下するだけである。

（3）　前の注の例では、為替レートの下落は実質GNPには影響をあたえないが、コマンドGNPは二パーセント減少する。したがって、コマンドGNPの伸び率が実質

ＧＮＰの伸び率とほぼ変わらない事実は、前の注で想定した二つのケースがどちらも、現実には重要性をもたないことを意味する。

（４）「付加価値」は、国民経済計算にあたって、その意味が正確に定義されている。ある企業が生み出す付加価値とは、その企業の売上高から、その企業が他の企業から購入した投入財の総額を差し引いた額であり、したがって、容易に計算できる。しかし、この言葉の定義を知らないまま、「高付加価値」を「望ましいもの」という意味で使っている者もいる。

（外交評議会の許可を得てフォーリン・アフェアーズ誌一九九四年三・四月号二八〜四四ページより転載）

第2章 反論に答える

フォーリン・アフェアーズ誌一九九四年三・四月号のわたしの論文に、腹立たしい思いをした人が多かったようだ。反論をよせた人たちのうち何人かは、わたしの論文で自分の立場が歪められており、「競争力」という言葉を繰り返し使ってはいるが、主要な先進国が経済競争を繰り広げていると考えたことはないと主張している。また、わたしが経済学を正しくとらえておらず、国が競争しているのは事実だという反論もあった。なかには、ひとつの反論のなかで、この両方を主張した人もいる。

とらえどころがない

レスター・C・サローは、国際競争がアメリカ経済にとって中心的な問題だと主張したことはないと強く反論している。サローはその裏付けとして、一九八五年の著書、『ゼロ・サム社会 解決編』でどれだけのページ数を国内要因にさいたかを指摘し、国内要因が最大の関心事だと語っている。しかし、サローの最新作は『大接戦』であり、この刺激的なタイトルにはさらに、「日米欧どこが勝つか」という副題がついている。表紙には、「世紀の決戦が始まった」と書かれている。本文を読むと、主要な経済大国が世界市場をめぐる「勝つか負けるか」の競争を繰り広げていて、これが東西の軍拡競争に代わるものになったと、何度も主張されている。そのレスター・サローが、戦略的な国際競争は問題の七パーセント以下でしかないと語っている。『大接戦』の普通の読者はそのように読んだのだろうか。

同様に、スティーブン・S・コーエンは、競争力を唱導する人たちの見方としてわたしが論じた点を主張したことはないし、わたしが「異を唱える価値のある」人のなかで、そう主張した人はだれもいないと語っている。しかし、コーエンは一九八七年に、ジョン・ザイスマンとの共著で、『製造業の重要性』を発表しており、この本では二つの誤った主張を展開していると思える。第一に、アメリカの雇用者数に占める製造業の雇用者数の比率が長期的に低下傾向をたどっているのは、主に、外国との競争のためであり、第二に、この比率が低下しているのは、経済的に大きな問題であるという主張である。

コーエンもサローも、まずはこのように否定したあとで、国際競争はやはり決定的に重要だと主張している。この点で二人の主張はクライド・V・プレストウィッツ・ジュニアと変わらないが、プレストウィッツは少なくとも、貿易と通商政策がアメリカ経済にとっ

競争力の重要性を主張する人たちの間違いが、ランダムなものではないことだ。間違いはいずれも、おなじ方向にかたよっている。つまり、国際競争力を実態以上に重要に見せる方向に間違えているのだ。

こうした事実の間違いはなにごとかを物語っているにせよ、小さなことであるが、これ以外に、経済の概念に対する誤解がいくつもある。たとえば、世界市場で競争している産業の生産性は、貿易の対象にならないサービス産業の生産性よりはるかに重要だとプレストウィッツは主張している。輸出産業の賃金によって、経済全体の賃金水準が決まることがその理由だという。たとえば、アメリカは第三世界にくらべて、製造業労働者の生産性がはるかに高いので、アメリカの理容師も、生産性の面でそこまで優位に立っているわけではないが、高賃金を得られるという。しかし、プレストウィッツは、逆の関係も成り立つことに気づいていない。サービス産業の生産性は、製造業労働者の実質賃金に影響をあたえているのだ。アメリカの製造業の生産性は高いが、理髪業の生産性はそれほど高くないため、高賃金の理容師がはたらくアメリカの理髪店では、第三世界の理髪店にくらべて、散髪代がはるかに高くなっている。この結果、アメリカの製造業労働者の実質賃金(つまり、散髪も含めて、どれだけの財とサービスを購入できるかという基準で見た賃金)は、アメリカの理髪業の生産性がもっと高かった場合より低く抑えられる。注意深く考えていけば、実質賃金は経済全体の生産性によって決まることがわかるはずだ。製造業の生産性、あるいは貿易の対象になる産業全体の生産性を特別に扱って、他の産業の生産性以上に注目するべきだとも、支援策をとるべきだともいえないはずである。

コーエンもほぼおなじ間違いをおかしている。わたしが輸入物価と輸出物価にだけ焦点をあて、競争圧力が利益や賃金にあたえる影響を考慮していないため、競争圧力の影響を過小評価しているとの批判がそれである。賃金や利益の変化は、輸入物価と輸出物価に反映されていない部分では、アメリカ全体の実質所得に影響をあたえないことをコーエンは理解できていないようだ。賃金や利益が変化しても、アメリカ国内のひとつのグループから別のグループに、所得が再分配されるだけである。このため、国際価格競争がアメリカの実質所得にあたえる影響は、輸出物価と輸入物価の比率の変化によって、この比率だけによってはかることができる。そして、この比率の変化がアメリカ経済にあたえた影響は、前回に指摘したように、かなり小さい。

もうひとつ、輸入を撃退できた際にアメリカが得られる利益に関するサローの分析を考えてみよう（数値の不正確さはひとまず無視する）。サローによれば、輸入と競合する産業で五〇〇万人の新しい職を生み出すことができ、この五〇〇万人がすべて、雇用の増加につながると想定している。しかし、この想定は非現実的だ。この反論を書いているときに、ＦＲＢ（連邦準備制度理事会）は金利を引き上げた。景気拡大のペースが早すぎて、雇用が増えすぎ、インフレ再燃をもたらしかねないと懸念し、景気減速に誘導しようとしているのだ。FRBが利上げに動く時期が早すぎたという主張もあるが、ここで重要な点は、世界市場で製品を売る能力でもなければ、輸入品と競争する能力でもなく、インフレ再燃をもたらさない景気の水準に関するFRBの判断によって、雇用の伸びが決まることである。したがって、アメリカが輸入割当を実施して輸入と競合する産業で数百万人の職を生み出したと想定すると、FRBが景気過熱を防ぐために金利を引き上げ、創出された職とおなじではないとしても、それにかなり近い職が、他の産業で失われる結果になろう。

相互作用

以上のいずれの場合にも、わたしの論文を批判した人たちは、経済のもっとも基本的な原則を忘れているようだ。つまり、経済には相互作用がある。輸入と競合する産業で雇用が増えれば、失業率が低下するか、他の産業で職が失われる。失業率が低下するというのであれば、そこまでの低下が可能かどうか（サローの主張では三パーセントになる）、考えなければならない。他の産業で職が失われる場合には、経済全体では職は増えないことになる。製造業の賃金が上昇した結果、理髪業の生産性が高まらなくても理容師の賃金が上昇するのであれば、この賃金上昇分をだれかが負担していることになる。アメリカの散髪料金の高さを外国人が負担するとは考えにくいので、理容師の賃金上昇は、製造業の生産性向上の恩恵をアメリカ国内の労働者のひとつのグループから別のグループに再分配するだけであり、アメリカ全体にとってプラスになるわけではない。国際競争力の重要性を性急に主張しようとするあまり、永久機械を発明しようとした人たちと同様に、経済に関する見方でもエネルギー保存の法則に似た法則を無視するわけにはいかない点を忘れているのだ。

しかし、コーエン、サロー、プレストウィッツの三人が経済の基礎でつまずいたのは、おそらく、最大のポイントを主張しようと急ぎすぎた結果なのだろう。最新の経済理論、とくに戦略的通商政策の理論が、競争力を重視する見方を支えているというのが、最大のポイントである。

プレストウィッツの批判の中心は、戦略的通商政策の理論によって、市場に積極的に介入する通商政策の正当性が示されているというものである。そして、どういうわけか、わたしが航空産業に関する論文で、この理論を提唱したと考えているようだ（実際に戦略的通商政策の理論を提唱したのは、ジェームズ・ブランダーとバーバラ・スペンサーであり、この二人は航空産業には触れていない）。この理論がありながら、経済学者は全般に、イデオロギー上の理由で、理論の意味するところを避けようとしており、わたしがその好例だとプレストウィッツは主張している。

事実は違っている。一九八〇年代はじめに、貿易に関する新しい理論が意味するもののひとつとして、ある種の産業では戦略的政策によって輸出を促進できる可能性があることに経済学者が気づいたのは事実である。興味深く、大きな意味をもつ可能性があるが、実証はされていない新しいアイデアに刺激されて、経済学者は長期にわたって研究を続け、このアイデアの弱点をさぐり、事実とつきあわせていった。その背景はこうである。理論の上でなら、正しいといえることは数多い。たとえば、減税によってどこまでも景気を刺激することができ、減税で政府の歳入がむしろ増えるという状況は、理論上、考えうる。現状がそのとおりであれば、すばらしいだろうが、実際にはそうなっていない。同様に、サローが力説する市場の不完全性によって、戦略的通商政策をうまく策定すれば、アメリカの実質所得を引き上げられる状況も、理論上は十分に考えられる。そして、そのような政策をアメリカが策定できれば、こんなすばらしいことはない。しかし、そうした政策は実際に可能なのだろうか。この問いに答えるためには、事実をしっかりと調べなければならない。

そこで過去一〇年間、戦略的通商政策の可能性をさぐる研究が、国際的に大規模に進められた。[2] そこから、大きな結論が二つ導き出された。第一が、戦略的に支援すべき産業を選び出すことも、支援の適切な形態と水準を判断することも、きわめてむずかしいという結論である。第二が、戦略的通商政策が成功を収めたとしても、その効果はかなり小さいという結論である。サローのいう「問題の七パーセント」は、アメリカ経済に占める貿易のシェアに近く、実際の効果がこれよりはるかに小さくなるのはたしかである。

研究の結果は正しいとはかぎらず、いつでも異を唱えることができるし、経済学のように厳密な証明ができない分野ではとくにそうだ。戦略的通商政策に関して過去一〇年間に苦労を重ねて積み上げられてきた数十の実証研究について、プレストウィッツが弱点を指摘したいというのであれば、本人の自由である。しかし、通商問題に関するプレストウィッツの主張を読むと、自分の政策提言を裏付けるためであれば戦略的通商政策の理論に喜んで触れるが、経済学の文献をまったく読んでいないと思わざるをえない。

しかし、わたしはひとつの点ではプレストウィッツに賛成する。それは、フリードリッヒ・リストの著作をもっと多数の人が読むべきだという主張である。リストの難解ぶった著作を読めば、混乱に満ちた経済学者（その理論に基づいて、オランダとデンマークはドイツとの政治統一をはからないかぎり、後進国の地位から永久に抜け出せないと予言した経済学者）が、突然、ファローズ、プレストウィッツらにもてはやされるようになったのはなぜなのか、不思議に思うはずである。リストが急に崇拝されるようになったのは、右派のサプライサイド・エコノミストがフランスの古典派経済学者、ジャン・バプティスト・セー（経済は全体として見て、不況をもたらす総需要の減少に見舞われることはないと主張した経済学者）をもちあげるようになったのに、そっくりといっていいほど似ている。[3] いうまでもなく、サプライサイド・エコノミストがセーを礼賛するのは、単純すぎる見方を、いかにも学問的な見せかけで飾り立てるためである。

プレストウィッツとサローが国際競争力を重視すべき理由を、欠陥はあるにせよ、一貫した形で示しているのに対して、コーエンの主張はとらえどころがないものになっている。コーエンは要するに、定義することも数値でとらえることもできない神聖な概念として、「競争力」を受け入れるよう求めている。この概念の重要性を示すように思える数値は、「指標」とされて（この言葉の意味はよくわからないが）引用されているが、そう思えない数値は信頼性が低いとして無視されている。今回の反論でも、これまでの著作でもつねに、貿易を勝つか負けるかのゲームとして印象づけるように思える言葉を使ってきたが、具体的な点で批判をすると、そんなことは主張していないという。ここまでとらえどころがない概念がどうして政策を導くものとして役に立つのか、わたしには理解できない。

フォーリン・アフェアーズ誌の当初の論文でわたしは、こう主張した。世界貿易を競争ととらえる考え方が広く受け入れられるようになった。この考え方は間違っているが、これを信じたいという強い意思が働いている……。この論文に憤激した人が多く、とくに、競争力という考え方を信じ込もうとするあまり、きわめて優秀な著者が概念や数値をずさんに扱っているケースがおどろくほど多いと指摘した部分に憤激が集まった。しかし、このわたしの主張を裏付けるものとして、本号に掲載された反論ほどぴったりの例が出てくるとは、想像もしていなかった。

［注］

（1）アメリカの貿易赤字が実際の四倍もあるとサローが考えた理由はわからない。しかし、プレストウィッツの数値がどこから出てきたのかは、突き止めることができた。この数値は従業員一人当たりの付加価値ではない。出荷額（つねに付加価値より多い）を工場の労働者数（従業員の一部にすぎず、ハイテク産業ではとくにそうだ）で割って算出したものである。

（2）戦略的通商政策をはじめて論じたのは、ジェームズ・ブランダー、バーバラ・スペンサー著 "Export Subsidies and International Market Share Rivalry," *Journal of International Economics* (February 1985, pp. 83〜100) である。その他の参考文献には、ポール・クルーグマン編『戦略的通商政策の理論』（高中公男訳、文真堂、一九九五年）、ロバート・フィーンストラ編 *Empirical Methods for International Trade*, Chicago: University of Chicago Press, 1988、ロバート・ボールドウィン編 *Trade Policy Issues and Empirical Analysis*, Chicago: University of Chicago Press, 1988、ポール・クルーグマン、アラスデア・スミス編 *Empirical Studies of*

Strategic Trade Policy, Chicago: University of Chicago Press, 1994 がある。

（3）ファローズは、アトランティック・マンスリー誌一九九三年一二月号、六〇〜八七ページに掲載された"How the World Works"で、リストを教祖に祭り上げた。ジュード・ワニスキーがサプライサイド経済学を紹介して大きな影響をあたえた *The Way the World Works*, New York: Basic Books, 1978 で、セーを礼賛したのと比較すれば興味をひかれるかもしれない。

（外交評議会の許可を得てフォーリン・アフェアーズ誌一九九四年七・八月号一九八〜二〇三ページより転載）

第3章　貿易、雇用、賃金

アメリカの労働者の平均賃金は、第二次大戦の終了から一九七三年までの間に、実質ベースで二倍以上になった。しかしそれ以降、実質賃金は六パーセントしか上昇していない。さらに、賃金が上昇したのは高学歴の労働者だけであった。ブルーカラーの実質賃金は、七三年以降、ほとんどの年に下がっている。

賃金が低迷しているのはなぜなのだろうか。統合を深めている世界経済のなかでアメリカがうまく競争できていないことに主因があるとの見方が、政界、財界の指導者の間で主流になっている。この常識によれば、外国との競争でアメリカの産業基盤が掘り崩され、以前であれば強固な製造業が提供していた高賃金の職が失われているという。もっと広くいうなら、アメリカ企業の多くが世界市場でうまく販売できないために、アメリカの実質賃金が低迷しているとされている。そして、非熟練労働者が大量にいる第三世界の国からの輸入が増えているので、学歴の低い労働者が外国との競争によってとくに打撃を受ける結果になっているという。

この見方には説得力が十分にあると考える人が多い。アメリカ経済が困難にぶつかっているという否定しがたい事実を、世界市場での競争という明らかな事実と結び付けている。クリントン大統領の言葉にしたがうなら、アメリカは「グローバル市場で競争している大企業のように」他国と競争しており、大企業の多くがそうであるように、新たな競争に直面して、足元がふらついていることになる。

しかし、この見方は説得力があるように見えても、誤りである。国際競争がアメリカの経済問題をもたらしている最大の要因だという一般的な見方に対しては、反証になる事実が積み重なっている。実際には、アメリカ経済の困難をもたらしている要因のなかで、国際的な要因はおどろくほど小さな位置しか占めていない。製造業が経済に占める比率は縮小しているが、貿易はこの縮小をもたらしている主因ではない。実質賃金の伸び率が低下してきた原因はほぼすべて、国内にある。そして、経済学者の間で常識になっている見方にすら反して、学歴の低い労働者の実質賃金低下に関しても、貿易の増加は大きな要因になっていないことが、最近の分析で示されている。

アメリカの労働者に占める製造業労働者の比率は、一九五〇年以降、着実に低下してきた。アメリカの総生産に占める製造業の付加価値の比率も、同様に低下してきた（「付加価値」とは、企業の売上高から、その企業が他の企業から購入した原材料などの投入財の

図3.1

(a) アメリカのGDPと雇用に占める製造業の比率

(b) アメリカのGDPに占める製造業の比率

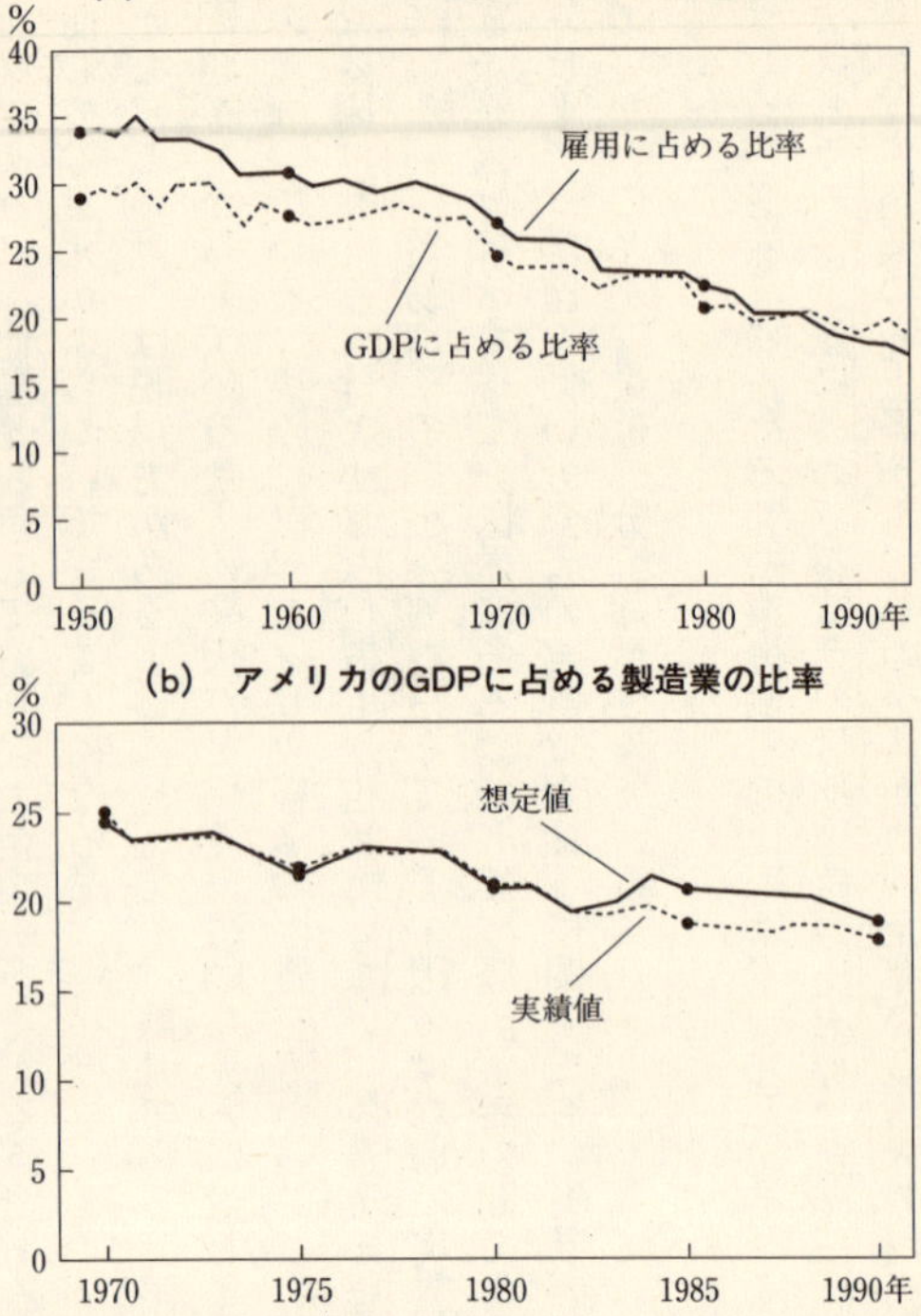

国内総生産に占める製造業の比率は戦後、低下を続けている。国内の雇用に占める製造業の比率はさらに急速に低下している（上の図を参照）。しかし、工業製品の貿易収支が均衡していたと想定して、貿易赤字を調整しても、低下のほとんどは起こっている（下の図を参照）。

価格を差し引いた額である）。五〇年には、製造業は国内総生産（ＧＤＰ）に占める付加価値の比率が二九・六パーセント、雇用に占める比率が三四・二パーセントだった。七〇年には、ＧＤＰの比率が二五・〇パーセント、雇用の比率が二七・三パーセントだった。

九〇年になると、GDPの比率が一八・四パーセント、雇用の比率が一七・四パーセントまで下がっている。

一九七〇年までは、この傾向を懸念する人たちは、その原因がオートメーションにあると主張するのが一般的だった。つまり、製造業の生産性が急速に上昇していることに原因を求めた。七〇年以降、輸入の増加による空洞化に原因があるという見方が一般的になった。たしかに、製造業が生産する付加価値総額（つまり、GDPへの寄与）に対する比率で見て、輸入は一九七〇年の一一・四パーセントから九〇年には三八・二パーセントまで増加している。

しかし、輸入が増加すると同時に製造業の比率が低下したからといって、それだけで国際競争に原因があるとはいえない。おなじ二〇年間に、製造業の付加価値に対する輸出の比率も、一二・六パーセントから三一・〇パーセントに大幅に上昇している。海外企業との競争で従業員を解雇したメーカーが多いのは事実としても、輸出市場の拡大に対応して生産を増やすために、従業員を増やしたメーカーも多い。

貿易の増加が製造業の規模にあたえた影響を全体として評価するには、輸出と輸入が同時に増加したことの影響をネットで推定する必要がある。輸出が増えれば、国内の製造業企業の売上高はそれだけ増える。輸入が増えれば、大雑把な推定としては、その分、国内製造業の売上高が減少すると考えられる。したがって、貿易が国内製造業の売上高にあたえるネットの影響は、工業製品の貿易収支で示されるといえる。つまり、アメリカの工業製品の輸出と輸入の差を見ればいい（実際には、輸入総額がそのまま製造業の売上高を減少させるわけではない。一部は、サービス業などの非製造業の売上高を減らすことになるからである。したがって、貿易収支は、貿易が製造業にあたえるネットの影響の上限になる）。

工業製品の貿易赤字が一貫して巨額にのぼるようになった現状を考えるなら、これがアメリカ経済に占める製造業の比率の低下の一因になっていることは、疑いをいれない。問題は、この影響がどこまで大きいのかである。一九七〇年には、工業製品の輸出は輸入を対GDP比率で〇・二ポイント上回っていた。その後、工業製品の貿易収支は大幅な赤字になり、八六年には赤字幅がGDPの三・一パーセントになってピークに達した。しかし、九〇年には、工業製品の貿易赤字はGDPの一・三パーセントまで縮小している。つまり、一九七〇年から九〇年までの二〇年間では、工業製品の貿易収支は対GDP比で一・五ポイント悪化したにすぎず、GDPに占める製造業の比率はこの間に六・六ポイント低下しているので、そのわずか四分の一以下である。

さらに、貿易収支の数値をそのまま使うと、貿易が製造業にあたえる影響を過大に評価することになる。貿易統計は売上高を示しているが、GDPに対する製造業の寄与は付加価値ではかられる。つまり、他のセクターから購入した額を売上高から差し引いている。

輸入によって国内製造業の売上高が減少するとき、そのうちのかなりの部分は、サービス業からの投入財購入にあてられたはずのものであり、この部分は、GDPに対する製造業の寄与にはならない。

貿易収支が製造業にあたえる影響をしっかりと推定するには、サービス業へのこの「漏れ」を調整する必要がある。アメリカ商務省が発表したデータに基づくわれわれの分析では、この漏れが四〇パーセントあるとの結果が出た。つまり、GDPへの製造業の寄与は、貿易赤字の六〇パーセント減少するだけである。この調整によって、われわれの結論がさらに強化される。つまり、一九七〇年から九〇年まで、工業製品の貿易収支が均衡していたとすると、製造業の比率の低下はペースが緩くなっていただろうが、それでも、空洞化の大部分は起こっていたことになる。七〇年から九〇年までの間に、製造業がGDPに占める比率は二五・〇パーセントから一八・四パーセントに低下した。貿易収支が均衡していたと想定しても、この比率は二四・九パーセントから一九・二パーセントに下がっているはずであり、実際の低下幅の八六パーセントまで縮小するにすぎない。

したがって、貿易によっては、経済に占める製造業の比率が低下してきたことのごく一部しか説明できない。では、なにが製造業の比率低下をもたらしてきたのか。まず第一にいえることは、国内の支出に占める工業製品の比率が低下してきたことである。一九七〇年には、アメリカ国内の支出のうち、四六パーセントが財（工業製品、農産品、鉱物）にあてられ、五四パーセントがサービスと建設にあてられていた。九一年には、財が四〇・七パーセント、サービスと建設が五九・三パーセントになった。医療、旅行、娯楽、法律サービス、ファースト・フードなどへの支出を国民が増やしてきたからである。このように支出がシフトしてきたことを考えれば、経済のなかで製造業の重要性が低下してきたのは、意外でもなんでもない。

もう少し詳しく見ていくと、アメリカ国民が収入のうち工業製品に支出する部分の比率を二〇年前より低下させた理由は、じつに単純である。財が相対的に安くなっているのだ。一九七〇年から九〇年までの二〇年間に、財の物価はサービスの物価に対して、二二・九パーセント下落している。この間、数量ベースの購入量で見ると、財とサービスの比率はほとんど変わっていない。財が相対的に安くなったのは、サービス業にくらべて製造業の生産性伸び率が高かったからである。生産性の上昇が、消費者物価の低下をもたらしたのだ。

皮肉なことに、常識ではこの関係がほぼ正反対にとらえられている。雇用に占める製造業の比率が低下しているのは、生産性の伸び率が低く、製造業に競争力がなくなっているためだと主張する識者が多い。実際には逆に、生産性の伸び率が高い（少なくとも、サービス業にくらべて高い）からこそ、製造業の比率が低下してきたのである。一九五〇年代と六〇年代には、オートメ化が進んで製造業の労働者は職を失うと懸念されたが、この見方の方が、国際競争によって製造業の職が失われているとする現在の固定観念より、事実に近いといえる。

図3.2 (a) アメリカの支出に占める財への支出の比率（名目ベースと実質ベース）

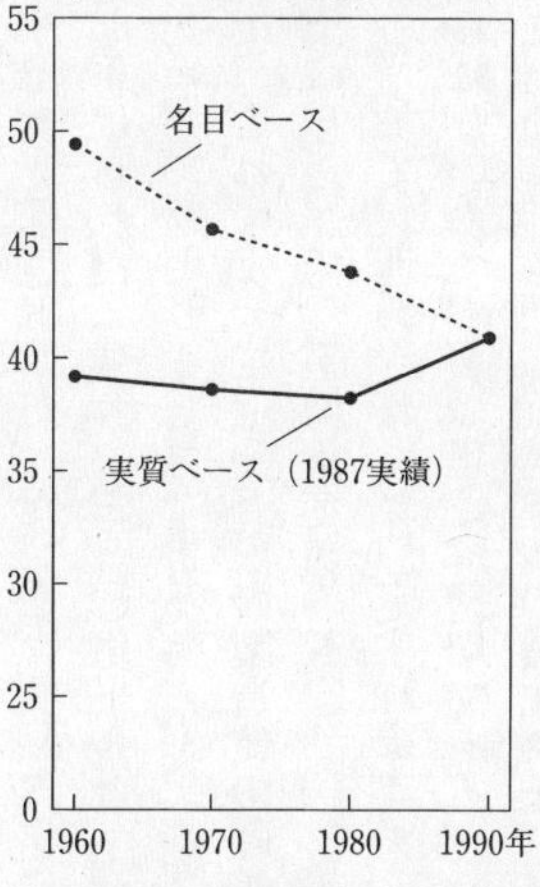

(b) 労働時間1時間当たりの生産高（実質ベース、1979年を100とする）

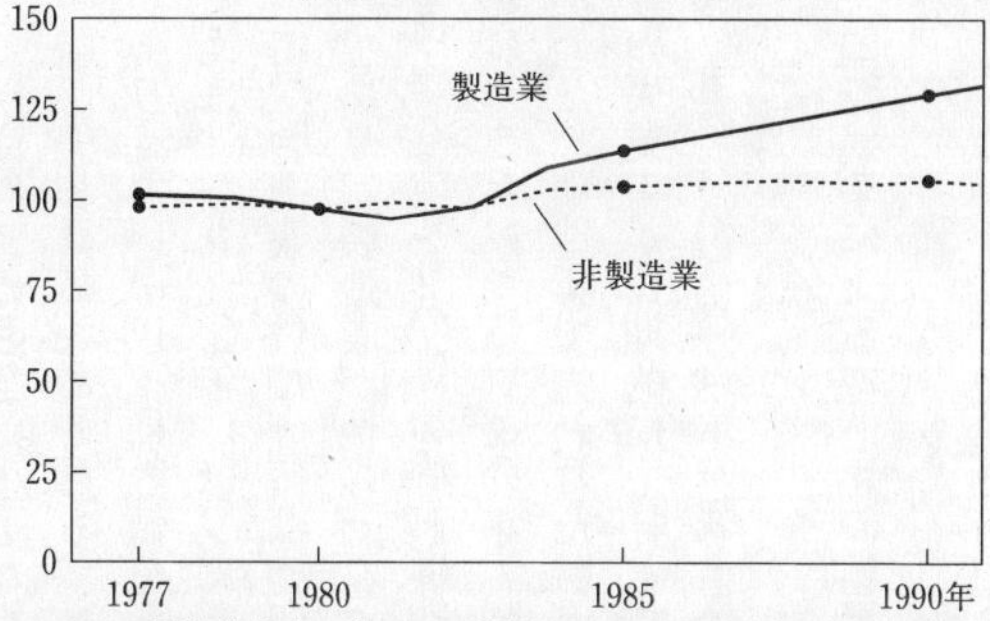

アメリカの国内総支出に占める工業製品への支出の比率は、1960年以降、大幅に低下しているが、数量ベースでみた比率は低下していない（上の図を参照）。財がサービスに比べて、安くなったのが原因である。製造業は生産性伸び率で、サービス業を大幅に上回っており、とくに過去10年間にはこの差が大きくなっている（下の図を参照）。

アメリカ経済に占める製造業の地位低下にあたって、海外との競争は小さな役割しか果たしていないので、海外との競争によって製造業の職が失われていることも、アメリカの労働者の所得が低迷している原因のごく一部でしかありえない。以下に数値をあげて、この影響がどれほど小さいのかを示してみよう。たとえば、一九九〇年には、工業製品の貿易赤字は七三〇億ドルだった。この貿易赤字によって、製造業の付加価値は約四二〇億ドル押し下げられた（残りの三一〇億ドルは「漏れ」であり、製造業が他のセクターから購入したはずの財とサービスである）。製造業の従業員一人当たりの付加価値は約六万ドルなので、これによって七〇万人の製造業の職が失われたことになる。この年、製造業は非製造業にくらべて、平均賃金が約五〇〇〇ドル高かった。製造業で失われた職が非製造業の職の増加で穴埋めされたと想定すれば（アメリカの失業率が長期的に上昇している傾向は見られないので、この想定は適切である）、国際競争の結果、高賃金の製造業の職が失われたために、総額三五億ドルの賃金が失われたことになる。これに対して、九〇年の国民所得は約五兆五〇〇〇億ドルであった。つまり、国際競争による空洞化の結果失われた賃金は、国民所得の〇・〇七パーセント以下になる。

識者の多くが懸念している点には、製造業の地盤沈下によって賃金が失われているという点以外に、世界市場でうまく競争できないためにアメリカの実質所得がもっと幅広い層で浸食されているという点がある。しかし、このような懸念を表明する際に、生産性伸び率が低下したことの悪影響（貿易をまったく行っていない国でも、生産性伸び率が低下すれば、悪影響が出てくる）と、生産性伸び率が他国より低いことから起こりうる悪影響とが区別されていないケースが多い。

この二つを区別するのがなぜ重要かを示すために、まず、世界のどの国でも、生産性（つまり労働時間一時間当たりの生産）がおなじ率で、たとえば年三パーセントの率で伸びている世界を考えてみよう。この場合、他の条件に違いがなければ、労働者の実質所得はどの国でも、年に三パーセントのペースで上昇することになろう。同様に、生産性の伸び率が年に一パーセントであれば、実質所得の伸び率も年に一パーセントになる（生産性伸び率と実質所得上昇率の関係は、それぞれの国の生産性の水準がどうであっても成り立つ。実質所得の上昇率を決める要因として意味をもつのは、伸び率だけである）。

生産性伸び率の低さではなく、国際競争力が懸念されるのは、たとえば、アメリカの生産性伸び率が年に一パーセントに低下したのに、他国では三パーセントの伸びが続いている場合である。この場合、アメリカの実質所得が年に一パーセントの率で上昇しているのであれば、アメリカは他国に後れをとってはいるが、競争力の問題といえるようなものにぶつかっているとはいえない。他国の生産性伸び率が自国と変わらない水準まで下がっても、実質所得の伸び率に変化はない。

他国の経済の方が好調であれば、アメリカのプライドは傷つくとしても、それだけで国内の生活水準に影響が及ぶわけではない。実質所得の上昇率が生産性伸び率より低くなっている場合、この差に関してであれば、競争力の問題を語る意味がある。

外国との競争は、交易条件効果というよく知られた仕組みを通じて、国内の実質所得を押し下げることがある。輸出市場での競争の結果、アメリカ製品を他国製品にくらべて引き下げざるをえなくなることがある。この場合、ドルの為替相場の下落によってアメリカ製品の価格が下がるのが通常であり、そうなれば輸入品の価格は上昇する。この結果、アメリカは自国製品を安く売って、他国製品を高く買わなければならなくなるので、アメリカの実質所得は低下する。

過去二〇年間、アメリカの交易条件は悪化してきた。一九七〇年から九〇年までの間に、アメリカの輸入物価に対する輸出物価の比率は二〇パーセント以上低下した。いいかえれば、輸入数量を維持するには、九〇年には七〇年より、輸出数量を二〇パーセント増やさなければならなくなった。アメリカは九〇年にGDPの一一・三パーセントにあたる額を輸入しているので、交易条件の悪化によって、国民所得は約二パーセント押し下げられたことになる。

実質所得は、七〇年代と八〇年代の二〇年間にわずか六パーセントしか上昇していない。以上の計算から、交易条件の悪化がなかったとしても、これが約八パーセントになるだけであることがわかる。外国との競争の影響はたしかにあるが、アメリカの実質所得の停滞をもたらしたといえるほど大きなものではない。

交易条件が実質所得にあたえた影響をもっと直接にはかる指標に、コマンドGNPがある。通常使われる実質GNPは、物価がすべて一定であった場合の生産額をはかる指標である。コマンドGNPはこれに似ているが、輸出のデフレーターとして輸入物価指数を使う点だけが違っている。これによって、アメリカ経済が生産した財とサービスの総額ではなく、アメリカ経済が世界市場で購入できる財とサービスの総額を示している。輸出物価より輸入物価の方が上昇率が高かった場合（たとえば、ドルが急落すればそうなる）、コマンドGNPの成長率は、実質GNPの成長率を下回る。

一九五九年から七三年までの間、アメリカの賃金が着実に上昇していたとき、労働時間一時間当たりのコマンドGNPは年一・八七パーセント伸び、実質GNPの同一・八五パーセントより伸び率が若干高かった。七三年から九〇年まで、実質賃金が低迷した時期、コマンドGNPの伸び率は同〇・六五パーセントになり、実質GNPの〇・七三パーセントを下回った。しかし、いずれの時期にも、差はわずかである。コマンドGNPの伸び率低下の大部分は、労働時間一時間当たりの実質GNPの伸び率低下によるものであり、生産性伸び率の低下という純粋に国内の要因によるものである。

海外との競争は、製造業の地位低下をもたらした主因ではないし、実質賃金の低迷をもたらした根本原因でもないとしても、少なくとも非熟練労働者の生活を苦しくさせているのではないだろうか。グローバル経済の統合が進んだことで、アメリカで学歴が低い労働者の実質賃金が押し下げられているとの見方には、賛同するエコノミストが多い。

エコノミストのこの見方は、貿易に関する有名な理論、要素価格均等化理論に基づくものである。豊かな国は熟練労働者が多く、したがって、熟練労働者と非熟練労働者の賃金格差が小さい。貧しい国は熟練労働者が少なく、非熟練労働者が多い。この二国が貿易を行えば、賃金は収斂していく傾向がある。つまり、熟練労働者の賃金は、豊かな国では上昇し、貧しい国では下落する。非熟練労働者の賃金は、豊かな国では下がり、貧しい国では上がる。

中国、インドネシアなどの国で輸出が急速に増えていることから、アメリカで熟練労働者と非熟練労働者の賃金格差が広がってきた主因が、要素価格均等化にあると考えるのは当然のように思える。しかし、意外なことに、実際にはそうではないようだ。われわれの分析の結果、製造業の地位低下、実質賃金伸び率の低下と同様に、賃金格差の拡大も、その大部分が国内要因によると見られる。

この結論は、要素価格均等化の基本的な理論に基づいてデータを検討した結果である。この理論は、ウォルフガンク・F・ストルパーとポール・A・サミュエルソンが一九四一年の論文ではじめて発表したものである。比較優位の理論に基づくなら、豊かな国は貧しい国との貿易で、技術集約型の製品を輸出し（熟練労働者が比較的多いからである）、労働集約型の製品を輸入する。この貿易の結果、豊かな国では技術集約型セクターの生産が増え、労働集約型セクターの生産が減る。この動きによって、熟練労働者の需要が増え、非熟練労働者の需要が減る。労働者の種類ごとの需要が変化することで、賃金が自由に上下する場合（アメリカ経済のほとんどの部分では、そうなっている）、熟練労働者の実質賃金が上昇し、非熟練労働者の実質賃金は下落する。貧しい国では、これと逆の現象が起こる。

他の条件が変わらない場合、賃金格差が拡大すると、豊かな国の企業は従業員に占める熟練労働者の比率を引き下げ、非熟練労働者の比率を引き上げる。この企業の動きによって、熟練労働者に対する需要の増加の影響が緩和される。貧しい国との貿易の影響が一巡すると、産業構成の変化による全体的な労働需要の変化の影響をちょうど吸収できるだけ、賃金格差が拡大している。どちらの種類の雇用も、全体としては変わらない。

ストルパーとサミュエルソンの分析によるなら、熟練労働者の賃金が相対的に上昇する結果、すべての産業で従業員に占める熟練労働者の比率が下がり、非熟練労働者の比率が上がる。労働者の構成は全体として変わらないのだから、経済全体の生産に占める技術集約型産業の比率が上昇するには、これ以外の道はありえない。

この分析は、実証面で二つのはっきりした意味をもっている。第一に、貿易の増加が賃金格差拡大の主因であれば、アメリカのほとんどの産業で、従業員に占める熟練労働者の比率が下がり、非熟練労働者の比率が上がっているはずである。第二に、技術集約型の産業の方が、労働集約型の産業より、雇用の伸び率が高いはずである。

最近のアメリカ経済の動きを見ていくと、この予想とは矛盾している。一九七九年から八九年までの間に、ホワイトカラーの実質所得は上がり、ブルーカラーの実質所得は下がっている。しかし、ほぼすべての産業で、従業員に占めるホワイトカラーの比率が上昇している。さらに、技術集約型産業では、ブルーカラーの比率が高い産業にくらべて、雇用の伸び率がわずかに高いといえるのみである（産業ごとの労働者の熟練度を推定する際には、さまざまな方法が使われているが、ブルーカラーの比率は他の指標との相関性が高いし、推定が容易でもある）。

したがって、事実を見ていくなら、要素価格均等化は賃金格差拡大の主因ではないといえよう。熟練労働者に対する需要が増加したのは、おのおの産業の内部で需要が変化したからであって、貿易によってアメリカの産業構成が変化したからではない。経済全体で非熟練労働力に対する需要が低下した原因がどこにあるのかについては、だれもたしかなことはいえない。技術の変化、とくにコンピューター利用の増加が原因のひとつではないかと見られる。いずれにしろ、経済のグローバル化が主因になっているとはいえない。

第三世界からの工業製品の輸入は大幅に増加しているのだから、非熟練労働者の実質賃金低下をもたらす要因として、国際競争が大きな役割を果たしていないとの分析結果をどう説明すればいいのか、かなりむずかしいようにも思える。しかし、実際には説明を要する矛盾があるわけではない。いくつかの発展途上国からの輸入急増が注目を集めてはいるが、アメリカの輸入はいまでも、大部分が他の先進国からのものであり、これら諸国の技術と賃金の水準は、アメリカとそう変わらない。一九九〇年には、貿易相手国の製造業労働者の平均賃金は、二国間貿易の額で加重平均すると、アメリカの水準の八八パーセントであった。原油を除く輸入のうち、低賃金国(賃金水準がアメリカの半分以下の国)からのものは、GDPの二・八パーセントにすぎない。

もうひとつあげるなら、発展途上国との貿易によって低賃金の競争相手との競争が激化しているが、その影響は、以前からの貿易相手国で賃金と技術の水準が上昇していることで相殺されている。一九六〇年にも、低賃金国からの輸入はGDPの二・二パーセントあり、九〇年とそう違ってはいなかった。三〇年前には、日本とヨーロッパの大部分の国が、低賃金国に分類されていたからである。六〇年には、日本からの輸入で、繊維産業などの労働集約型の産業に競争圧力がかかっていた。いまでは、日本は高賃金国であり、日本との競争にさらされているのは、大部分、半導体産業などの技術集約型産業である。

外国との競争によって、いわれているような問題が起こっているのかを以上で検証し、そういう事実はないとの結論に達した。一九七三年以降、アメリカの実質所得が低迷してきたこと、空洞化が進んできたこと、低賃金労働者が苦しんでいることのいずれに関しても、輸入は大きな要因ではなかった。しかし、だからといってアメリカ経済は好調だと主張しているわけではない。

アメリカの国際競争力に関して警鐘をならしている人たちのうち何人かは、立場は二つにひとつしかないと信じているように思える。つまり、アメリカは競争力の問題にぶつかっているのか、そうでなければ、アメリカ経済にはとくに問題はないのか、どちらかだというわけだ。アメリカ経済に問題があることでは同意見だが、国際競争ではそれをほとんど説明できないというのが、以上の結論である。

アメリカ経済がぶつかっている問題は大部分が国内要因によるものであり、グローバル市場が現在のように統合されていなかったとしても、アメリカ経済の苦境にはほとんど変わりがなかっただろう。GDPに占める製造業の比率が低下しているのは、工業製品に対する支出が相対的に減少してきたからである。雇用に占める製造業の比率が低下しているのは、企業が労働者に代えて機械を導入しており、残った労働者を以前より効率的に使っているからである。賃金が停滞しているのは、経済全体の生産性伸び率が低下してきたからである。そして、非熟練労働者がとくに打撃を受けているのは、ハイテク経済では非熟練労働力に対する需要が減っているからである。いずれの場合にも、貿易は小さな要因でしかない。

以上の結論を導き出すために用いたデータは、微妙なものでも、解釈がむずかしいものでもない。とくに、製造業の規模にあたえる貿易の影響がネットで見てきわめて小さいことは、明白である。経済に詳しいと自任している識者の間で、これとは逆の見方が一般的になっているのは、経済政策をめぐるアメリカ国内の議論の質に問題があることを示している。

事実を正しく認識することは重要である。アメリカ経済を建て直すのは、とてつもない課題である。問題が要するに国際競争力にあるという誤った見方から出発していては、この課題で成功を収めることはできない。

（ロバート・Z・ローレンスとの共著論文。サイエンティフィック・アメリカン誌の許可を得て同誌一九九四年四月号二二～二七ページより転載。）

第4章 第三世界の成長は第一世界の繁栄を脅かすか

つい最近まで、アメリカのビジネス関係の著者のなかでもとくに影響力のある人たちが、アメリカの繁栄にとって最大の脅威になっているのは、他の先進国との競争だと警告していた。たとえば、レスター・サローの一九九二年のベストセラー、『大接戦』に「日米欧どこが勝つか」という副題がつけられていたのを見れば、この点ははっきりしている。しかし、ここ一年ほどで、アメリカにとって経済的な敵国と見られていた国が、それほど無敵でもないと思えるようになってきた。日本経済もドイツ経済も泥沼の景気後退に陥り、通貨高で輸出が打撃を受け、自慢のタネだった労働市場も、景気の悪化でほころびはじめている。これに対してアメリカ経済は、輝かしい繁栄の道を歩んでいるとはとてもいえないにしろ、もっと健全なように思える。

経済関係の論者や企業経営者の多くは、あれほど騒がれた日米の戦いにもう興味を失った一方で、新たな戦いの匂いを嗅ぎつけているようだ。いま注目されているのは、先進国と第三世界の新興国との戦いである。過去二〇年間、先進国では経済動向が期待外れであのに対して、発展途上国のなかでは経済が好調な国が増えており、きわめて対照的になっている。一九六〇年代にまず、アジアのいくつかの小国で経済の急速な成長がはじまり、いまではこれが東アジア全体にまで広がっている。マレーシアやタイなど、東南アジアでも比較的恵まれた国はもちろん、人口が多く貧しかった中国とインドネシアでも、高度成長がはじまった。同様の急成長がチリやおそらくはメキシコ北部でもはじまったことを示す兆しがあらわれており、インドですら、バンガロールのソフトウェア産業のように、急速に成長する部分が出てきている。

世界の様相がこのように変化してきたのは、だれにとっても喜ばしいことだともいえるはずだ。これまで絶望的な貧しさに苦しんできた何億もの人たちの生活水準が急速に向上しているのだから、大きな進歩であり、過去に例がないほどの事業機会になると見られても不思議ではない。しかし、世界経済の発展を喜ぶのではなく、第三世界の経済成長を脅威と考える有力者が欧米では増えている。

こうした新たな恐怖心をよく示すのが、今年はじめ、クラウス・シュバープが配付したレターである。シュバープは有名なダボス会議を主催する世界経済フォーラムの会長であり、国連のブトロス・ブトロス・ガリ事務総長に依頼された報告書、「人類の基本的な想定を見直す」のために、このレターで多数の人たちに意見を求めた。そして、考慮している内容を示すために、見直しの一例をあげている。これまでは、生産性が高く賃金が高い豊かな国と、生産性が低く賃金が低い貧しい国に世界は分かれていた。しかしいまでは、生産性が高く、賃金が低い国が登場するようになった。世界市場で、こうした国が大きな地位を占めるようになってきたため、「生産的な資産の大がかりな移動」が起こっている。このため、先進諸国はこれまでの生活水準を維持するのが不可能になっている……。こうシュバープは主張した。いいかえれば、第三世界の新興諸国との競争が、第一世界の経済にとって脅威のひとつになっており、おそらくは、最大の脅威になったと主張していることになる。

シュバープの見方はとくに変わっているわけではない。大物という点ではシュバープに勝るとも劣らないジャック・ドロール欧州委員会委員長も、おなじ見方のようだ。欧州委員会は一九九三年一二月、ヨーロッパ経済の問題に関する待望の白書、『成長、競争力、雇用』を発表したが、そのなかで、ヨーロッパの失業率が長期的に上昇傾向をたどっている理由として、四つの点をあげている。白書によれば、そのなかでもっとも重要な要因は、「ヨーロッパがどう見ても対抗できない低コストで競争し、しかも、ヨーロッパ域内ですら競争する」国が増えていることだという。これをわかりやすく言い換えれば、低賃金の第三世界との競争ということになる。

アメリカでは、このような見方は、ヨーロッパでほど広まってはいない。クリントン政権は経済問題を競争力という観点からとらえる傾向が強いが、攻撃の的は日本を中心とする先進国に絞ってきた。一九九四年の大統領経済報告では、第三世界からの輸入は少なくともいまのところ、アメリカの労働市場にとって大きな圧力にはなっていないと論じられている。それでも、ビジネス・ウィーク誌の経済コラムを担当するロバート・カトナーや、経済政策研究所などのシンク・タンクは、低賃金国からの輸入がアメリカの生活水準に脅威になっていると、繰り返し警告している。CEO／インターナショナル・ストラテジーズ誌は一九九三年一二月・九四年一月合併号で「世界経済の見直し」を特集し、低賃金の発展途上国との競争の脅威についての論文を三編も掲載している。経済学者以外の知人に意見を聞いてみたところ、経済問題には詳しいと自任している人たちなど、半分以上は、アメリカの最近の経済問題を引き起こしている主要な原因が第三世界との競争にあるのはたしかな事実だと答えている。

しかし、実際には、第三世界との競争が経済に影響をあたえているとの懸念は、まったくといっていいほど、根拠のないものである。低賃金国の経済成長は、理論的に見て、高賃金国の国民一人当たり所得を低下させる可能性と変わらぬほど、上昇させる可能性がある。そして、実際の影響は無視できるほど小さい。理論的に見て、第三世界との競争で欧米諸国の所得の分配（所得の水準ではなく）に影響がおよぶ可能性があると懸念する理由はある程度まであるが、少なくともいまのところ、この影響が実際に懸念すべきものになっていることを示す兆候はほとんどない。

それでは、これほど多くの優秀な人たちがなぜ、ここまで間違った見方をしているのだろうか（そして、これらの人たちが間違っていると、わたしが確信しているのはなぜなのだろうか）。第三世界からの脅威とされているものを判断するには、まず、世界経済について、手短に触れておく必要がある。

世界経済について考える

第三世界との競争で先進国の生活水準が脅かされているという見方は、まったく正しいように思える。たとえば、それまで自分だけが専門にしていた仕事を、他のだれかが習得したと想定してみよう。新しく登場した競争相手は、仕事の能率という点ではかなり劣るとしても、何分の一かの給料で喜んではたらくとする。この場合、競争を仕掛けられた側は、生活水準の低下を受け入れるしかなく、そうしなければ仕事を失うのは当然のことではないだろうか。第三世界の経済が発展すれば、欧米で賃金水準が下がると恐れられている理由は、結局のところここにある。

しかし、この見方はまったく誤りである。世界の生産性が上昇すれば（生産性の面で第三世界が第一世界に近づいてくれば、そうなる）、世界平均の生活水準は上昇する。生産が増加すれば、だれかがそれを消費することになるからだ。ここから、第三世界の生産性が上昇すれば、なによりもまず、第三世界の賃金が上昇するはずであり、第一世界の賃金が当然のこととして下がるわけではないといえる。これを別の観点から見ればこうなる。国民経済では、生産者は同時に消費者でもある。外国との競争によって価格が引き下げられれば、自分の賃金が下がるかもしれないが、同時に、賃金の購買力が上昇する。悪影響の方が圧倒的に大きくなると予想する理由はない。

世界経済はシステムであり、フィードバックの関係が複雑にからみあう網の目のようになっている。影響が一方向だけにあらわれる単純な連鎖にはなっていない。この国際経済システムでは、賃金、物価、貿易、投資の流れは、さまざまな要因が影響しあった結果であって、あらかじめ決まっているわけではない。日常的なビジネスの経験に基づくシナリオで、直観的に正しいと思えるものは、基本的な要因が変化したときに国際経済システムがどう動くのかについて、まったく誤っている場合がある。変化した要因が、関税や税金などの政府の政策であっても、中国の労働生産性のようにもっとわかりにくいものでも、この点に変わりはない。

複雑なシステムを研究した者なら、研究対象が世界の気象であろうが、ロサンゼルスの交通のパターンであろうが、製造工程内での資材の流れであろうが、システムの動きを理解するにはモデルが必要であることを知っている。通常、きわめて単純なモデルから出発し、モデルを徐々に現実的なものにしていき、その過程で、現実のシステムについての理解を深めていく。

以下では、この手順にしたがって、新興経済国の勃興が先進国の賃金と雇用にあたえる影響について考えていく。まず、極端に単純化し、現実からはほど遠い世界経済モデルから出発し、徐々に複雑さを加えてモデルを現実的なものにしていく。各段階で、いくつかのデータを提示する。以下を読み終わったとき、第三世界が第一世界の経済問題の原因になっているとする一見高度な見方が、理論的に見て疑問であり、実証的に見てまったく考えにくいものであることが明らかになっているよう望んでいる。

モデル1——一財・一生産要素の世界

実際の世界経済とは違って、複雑さがまったくない世界を考えてみよう。この世界では、生産される財はたったひとつであり、これがすべての目的に使われる。この財をかりにチップと呼ぼう。チップの生産に使われる要素もたったひとつ、労働だけである。どの国もチップを生産しているが、労働者の生産性には国によって違いがある。このような世界を想定するとき、実際の世界経済に見られる二つの決定的な要因を無視することになる。第一に、世界経済がきわめて多数の種類の財とサービスを生産している点を無視する。第二に、これらの財とサービスの生産にあたって、物的な資本や、教育の結果である

「人的資本」など、さまざまな生産要素を用いている点を無視する。

このような単純な世界では、なにが賃金と生活水準を決定するのだろうか。資本がなく、熟練労働と非熟練労働の区別もない世界では、労働者は自分が生産しただけのものを受け取る。つまり、各国の年間実質賃金はチップの個数で見て、各国の労働者が年間に生産するチップの個数に等しくなる。つまり、生産性に等しくなる。そして、生産される財も、消費される財も、チップだけなので、消費者物価指数を構成する項目はチップだけである。このため、消費者物価指数をデフレーターとして各国の実質賃金を算出しても、やはり、その国の労働生産性に等しくなる。

他国との賃金の違いはどうなるだろうか。価格がいちばん高いところにチップが出荷されて価格の違いがすぐに解消される可能性を考えれば、すべての国でチップ価格はおなじになる。このため、年間に一万個のチップを生産する労働者は、年に一〇〇〇個のチップを生産する労働者の一〇倍の賃金になり、国が違ってもこの関係は成り立つ。したがって、二国間の賃金の比率は、労働生産性の比率に等しくなる。

それまで生産性が低く、賃金が低かった国で、生産性が大幅に上昇した場合、どうなるだろうか。こうした新興国では、チップの個数で見た賃金が上昇する。影響はそれだけである。当初の高賃金国の実質賃金には、好影響も悪影響もあたえない。それぞれの国の実質賃金は、チップの年間生産個数で見た国内の生産性に等しい。他国の動きはなんの影響もおよぼさない。

このモデルにどのような問題があるだろうか。あまりにも単純すぎて馬鹿げているといえるが、単純化によって誤解しかねなくなっている点はどこにあるのだろうか。すぐに気づく問題は、このモデルでは貿易を行う余地がなくなることである。世界中の人たちがチップだけを生産しているのであれば、チップを輸出する理由も輸入する理由もない（レスター・サローなどの国際競争力の理論家は、この単純な事実を考えていないようだ。サローの『大接戦』では、先進諸国がおなじものを生産するようになったため、各国がそれぞれの得意分野に分かれて競争していた時代は終わり、勝つか負けるかの競争の時代になったという主張が中心になっている。しかし、先進諸国がおなじものを生産しているのなら、どうして貿易がここまで盛んになっているのだろうか）。

各国が貿易している事実を見れば、この単純なモデルが正確でないことは明らかだが、このモデルから、先進諸国と第三世界の間の貿易が実際にどこまで活発に行われているのかという疑問が出てくる。事実を見ていくと、ドロール委員長の白書などで強調されているわりには、第三世界との貿易はおどろくほど規模が小さい。一九九〇年には、先進諸国の合計で見て、新興工業国からの工業製品の輸入は、ＧＤＰのわずか一・二パーセントにすぎない。先進国が低賃金国と貿易する必要が出てこないモデルは、まったく正確だとはいえないものの、九八パーセント以上は正しいといえる。

このモデルのもうひとつの問題を指摘するなら、資本がないため、国際投資がありえなくなる。この点に関しては、のちのモデルで資本を組み込んだ際に考えることにする。しかし、ここで注目しておくべき点をあげれば、アメリカ経済では、国民所得の七〇パーセント以上が労働に分配され、資本に分配されるのは三〇パーセント以下である。そして、この比率は過去二〇年、きわめて安定している。財の生産にあたって、労働が唯一の生産要素ではないことはもちろんだが、平均実質賃金が労働者一人当たりの生産高とほとんど一致した動きをするという結論、つまり、アメリカにとってよいことはアメリカの労働者にとってよいことだし、逆もまた真であるという結論は、ほぼ正確だと思える。

もうひとつ、生産性が向上すれば、賃金が自動的に上昇するとの結論にも抵抗を感じる読者がいるかもしれない。この結論は、現実的だろうか。たしかに現実的である。経済の歴史を見ていくと、長期的に生産性が上昇したとき、実質賃金がほぼおなじだけ上昇しなかった例は、どの国にも見られない。一九五〇年代には、ヨーロッパの各国は、アメリカにくらべて生産性がほぼ半分であったが、賃金もほぼ半分だった。現在ではドル換算の平均賃金は、ほぼおなじになっている。日本は過去三〇年間、生産性が上昇してきたが、賃金もやはりアメリカの一〇パーセントから一一〇パーセントに上昇している。韓国の賃金も、長期的に見て大幅に上昇している。賃金が上昇しすぎたと懸念するエコノミストが韓国で多くなっているほどである。賃金が上昇しすぎて、技術水準が低い製品では、中国、インドネシアなどの新興諸国と競争にならず、自動車などの産業では生産性と品質の低さを補うことができなくなったように思える。

このような法則は時代遅れになり、世界経済に新たに参入してきた国では、生産性が先進国と変わらぬ水準まで上昇している一方で、賃金は低水準にとどまっているとの見方があるが、この見方を裏付ける事実はない（経済関係の論者のなかには、この見方の根拠として、個別の産業で見ると、国ごとの賃金の格差が生産性の格差と食い違っている事実をあげる者もいる。たとえば、バングラデシュの縫製労働者は、アメリカの縫製労働者とくらべて、生産性が半分近い水準にあるが、賃金は半分にはるかに届かない。しかし、財が複数あると想定したモデルの項で論じるように、正統的な経済学ではまさにそうなると予想されている）。

一財・一生産要素モデルは、いかにも単純すぎると思えるが、このモデルからきわめて重要な点に二つ、気づかされることになる。第一に、第三世界の労働生産性が向上すれば、世界の生産は増加し、生産の増加分はだれかの所得を増加させるはずである。そして、たしかに、所得が増加する人たちがいる。第三世界の労働者がそうだ。第二に、第三世界の生産性上昇が第一世界の経済にあたえる影響について、最終的にどのような結論に達するにせよ、その影響は悪いものとはかぎらない。もっとも単純なモデルでは、影響はないとの結論になる。

モデル2——複数の財・一生産要素の世界

現実の世界ではいうまでもなく、各国はかぎられた範囲に生産を特化している。貿易はこの特化の結果であり、原因でもある。第一世界と第三世界の間の工業製品の貿易に例をとるなら、航空機やマイクロプロセッサーのような高度なハイテク製品と、衣料品のような労働集約型の製品とを主に交換するものになっている。各国がそれぞれ、違ったものを生産している世界では、ある部分での生産性向上が、他の部分にとってプラスになることもマイナスになることもある。

これは経済学にとって新しいテーマではない。第二次大戦が終わってから朝鮮戦争がはじまるまでの間、国際収支の悪化が深刻になった国が多く、ここから、世界的に「ドル不足」が起こっているとの見方が広まった。当時のヨーロッパでは、自分たちがぶつかっている問題の根源は、アメリカの生産性が圧倒的に高く、競争力が強すぎることにあるとの見方が強かった。しかし、アメリカ経済がほんとうに、他国に打撃をあたえていたのだろうか。もっと一般的にいうなら、ある国の生産性が向上したとき、他の国の実質所得は上昇するのだろうか、それとも下落するのだろうか。この点について、大量の理論研究、実証研究が行われ、外国の生産性の向上が国内の生活水準にあたえる影響は、プラスにもマイナスにもなり、好影響をあたえるか、悪影響をあたえるかは、生産性がどのセクターで、向上するかによるとの結論がくだされた[1]。

サー・W・アーサー・ルイスは、一九七九年に経済開発の研究でノーベル経済学賞を受賞したが、発展途上国の生産性向上が先進国の実質賃金にどちらの方向にも影響をあたえうることを、みごとな方法で示している。ルイスのモデルでは、世界は北と南と呼ぶ二つの地域に分けられている。この世界経済では、生産される財はひとつではなく、高技術製品、中技術製品、低技術製品の三種類に分かれている。しかし、前述の第一のモデルと同様に、生産要素は労働だけとされている。北の労働者は三種類の製品のすべてで、南の労働者より生産性が高いが、その差は、高技術製品ではきわめて大きく、中技術製品では中程度であり、低技術製品では小さい。

こうした世界で、賃金と生産はどのようなパターンになるだろうか。高技術製品は北だけで生産され、低技術製品は南だけで生産されるが、中技術製品は北でも南でも生産されるようになる公算が高い（高技術製品に対する世界の需要がきわめて多ければ、北は高技術製品だけを生産することになろう。低技術製品に対する需要がきわめて多ければ、南は低技術製品に特化するだろう。しかし、極端な場合を除けば、北も南も中技術製品を生産することになろう）。

競争があるため、北と南の賃金の比率は、両地域の労働者が直接にぶつかりあう部分、つまり中技術製品の部分の生産性の比率によって決まってくる。この場合、低技術製品では、北の労働者は競争力がない。生産性は南の労働者より高いが、賃金が高すぎるからである。逆に、高技術製品では南の労働者は賃金が低くても、生産性の低さを埋めることができない。

数値をあげて説明する方がわかりやすくなるだろう。北の労働者が南の労働者にくらべて、生産性が高技術製品では一〇倍、中技術製品では五倍、低技術製品では二倍であると想定しよう。どちらでも中技術製品を生産しているとすると、北の労働者は南の労働者にくらべて、賃金が五倍になる。この賃金比率で考えると、低技術製品では、南は北より生産性が低いが、単位労働コストは五分の二にすぎなくなる。高技術製品では逆に、南は北にくらべて、単位労働コストが二倍になる。

この例で、南の低技術製品の労働者は、北のおなじ産業の労働者とくらべて、生産性では二分の一なのに、賃金は五分の一にすぎないことに注意すべきである。このようなギャップは正統的な経済学では説明できないと考えている人たちが多く、通商問題の専門家を自任していても、そう考えている人がいる。実際には、これはまさに、正統的な経済学で予想されていることである。低賃金国は輸出産業で、高賃金国にくらべて単位労働コストが低くなければ、輸出することができない。

ここで、南の生産性が上昇したと想定しよう。どのような影響をあたえるだろうか。それは、どの産業で生産性が上昇したのかによる。低技術製品の分野で生産性が上昇した場合、この産業では南は北とは競合していないので、北と南の賃金の比率が変わると予想する理由はない。南の労働者が低技術製品をこれまでより低コストで生産するようになると、低技術製品の価格は低下し、北の労働者の実質賃金は上昇する。しかし、南の生産性上昇が、北と競合する中技術製品の分野で起こった場合、南の賃金は相対的に上昇する。低技術製品では生産性が上昇していないので、低技術製品の価格が上昇し、北の労働者の実質賃金は下落する。

南の生産性が中技術製品でも低技術製品でもおなじ比率で上昇した場合には、どうなるだろうか。南の賃金は相対的に上昇するが、生産性の上昇によって相殺される。北の労働者にとって、低技術製品の価格は変化せず、したがって、北の労働者の実質賃金も変化しない。つまり、複数財のモデルでも、南の生産性が全体的に上昇した場合、北の生活水準にあたえる影響は、一財モデルのときと変わらない。影響はないのだ。

したがって、財をひとつとするもっとも単純なモデルでは、第三世界の成長が第一世界にあたえる影響はなかったが、モデルを現実的なものにしていくと、影響が予想しにくくなるようだ。しかし、二つの点に注意しておくべきだろう。

第一に、第三世界の成長が第一世界の生活水準に悪影響をあたえる場合があるが、その場合の道筋は、シュバープのレターやドロール委員長の白書に記されているのとはまったく違っている。第三世界の成長が第一世界に悪影響をあたえるのは、第三世界の賃金が低水準にとどまっているからではなく、逆に賃金が上昇して先進国に輸出される製品の価格が上昇するからである。たとえば、韓国の自動車産業の生産性が向上すれば、アメリカに悪影響がおよぶことがあるが、それはアメリカが自動車産業でシェアを失うからではなく、韓国の賃金が上昇して、韓国から輸入している玩具やパジャマの価格が上昇するからである。

第二に、第三世界の成長がもたらしうる悪影響は、すぐに入手できる経済指標にあらわれるはずである。交易条件、つまり、輸入物価に対する輸出物価の比率がそれである。たとえば、外国との競争によって、アメリカの企業が世界市場でこれまでより安い価格で販売しなければならなくなるか、原材料の確保をめぐる競争やドル安によって、輸入品の価格が上昇すれば、アメリカの実質所得は低下する。アメリカでは、輸出と輸入はGDPの約一〇パーセントなので、交易条件が一〇パーセント悪化すれば、実質所得は約一パーセント低下する。第三世界の成長が先進国に打撃をあたえるとすれば、先進国の交易条件が悪化することによっている。しかし、実際には交易条件は悪化していない。一九八二年から九二年までに、先進諸国の交易条件は逆に一二パーセント向上している。原油価格が実質ベースで下落したことが主因である。

以上をまとめるなら、当初の一財の単純なモデルにくらべて、複数財のモデルでは第三世界の成長が第一世界にあたえる影響がさまざまでありうることが示されたが、それでも結論は変わらない。第三世界で生産性が上昇すれば、第三世界で賃金が上昇する。それだけである。

モデル3――資本と国際投資

モデルをもう一歩、現実に近づけるために、もうひとつの生産要素を加えることにしよう。生産には労働に加えて資本を必要とする世界を想定すれば、どうなるだろうか。世界的に見た場合、労働と資本には大きな違いがひとつある。国際的な移動の程度である。一九二〇年までは、大規模な移住が世界経済に大きな影響をあたえたが、その後、先進国はいずれも、経済的な目的による移住を法律できびしく制限するようになった。現在でも、熟練度がきわめて高い人たちは、少数ながら第三世界から第一世界に流入しており（悪名高い「頭脳流出」である）、違法な移民の数はこれより若干多い。しかし、労働者のほとんどは、国際的に移動することはない。

これに対して、国際的な投資はよく目立つし、世界経済に大きな影響をあたえるようになってきた。一九七〇年代後半には、先進国の数多くの銀行が、第三世界に巨額を貸し込んだ。八〇年代は債務危機の時代になって、この資金の流れが止まったが、九〇年以降の新興市場ブームとともに、ふたたび巨額の資金が移動するようになった。

第三世界の成長を恐れる見方は、貿易よりも資本の移動に焦点をあてているようだ。シュバープが言う「生産的な資産の大がかりな移動」は、第三世界への投資に対する恐れを意味しているのだろう。NAFTA(北米自由貿易協定)によってアメリカで五〇万人の職が失われるとの経済政策研究所の予想が有名になったが、この予想は、アメリカ企業の投資が流出するというシナリオ(まったくの仮説にすぎない)に基づいている。ロバート・ライシュ労働長官ですら、一九九四年三月にデトロイトで開催された雇用サミットで、欧米諸国の雇用問題の原因として、資本の移動をあげており、第一世界の資本が、第三世界でのみ雇用を生み出していると主張しているようだ。こうした懸念は根拠があるものなのだろうか。

結論をいえば、理論的には根拠があるが、事実を見ていくなら根拠はない。教科書に書かれている正統的な理論に基づくなら、北から南への資本の移動によって、北側諸国の賃金が下がることはありうる。しかし、一九九〇年以降に実際に起こった資本の流れは、規模が小さすぎて、恐れられているほどの破壊的な影響をあたえることはできない。

国際的な投資の流れが先進国の労働者にとって問題になりうるのはなぜなのかを理解するには、まず、労働の生産性を決める要因のひとつに、労働にあたって使う資本の量があることを理解する必要がある。現実には、国内の生産における労働と資本の比率はきわめて安定している。しかし、労働者が使える資本が少なくなれば、生産性が低下し、したがって実質賃金が低下する。

そこで、第一世界の企業にとって、第一世界の国より第三世界の国の方が魅力的になったと想定しよう。たとえば、政治情勢が変わって、第三世界への投資がこれまでより安全になるか、技術移転が進んで、適切な資本が装備された場合に第三世界の労働者が達成しうる生産性が上昇したとき、そうなりうる。この場合、第一世界の労働者は打撃を受けるだろうか。もちろん、打撃を受ける。第三世界に資本が輸出されれば、第一世界ではその分、投資が減少することになり、したがって、第三世界への資本移動によって、第一世界の生産性と賃金は低下する。北側の投資家は南側への投資によって国内に投資するより高い利益率を確保できるだろうが、だからといって北側の労働者にとっては慰めにならない。

しかし、第三世界の経済開発が第一世界の犠牲のうえに成り立っていると結論づける前に、理論的に見て打撃がおよぶはずかどうかだけではなく、実証的に、その打撃がどこまでの規模になっているのかを確認しなければならない。

先進国から発展途上国に輸出された資本は、どれだけの規模になっているのだろうか。一九八〇年代には、北から南への投資はネットで見て、事実上止まっていた。累積債務の元利返済額がつねに、新規投資額を上回っていたのだ。したがって、第三世界への投資はすべて、九〇年以降に行われている。新興市場諸国への投資が過去最高になった九三年、先進国から新興工業国への投資は、全体で約一〇〇〇億ドルであった。

きわめて大きな額だと思えるが、第一世界の経済規模と比較すれば、大きくはない。一九九三年、北米、西欧、日本のGNPは合計して、一八兆ドルを超えていた。投資は合計して三兆五〇〇〇億ドル以上であり、資本ストックの合計は約六〇兆ドルである。九三年には資本移動が過去最高になったが、これでも、第一世界の投資のうち約三パーセントが国外に流れただけであり、資本ストックの伸び率に対する影響は〇・二パーセントにも満たない。九〇年以降の投資をすべて合計しても、第一世界の資本ストック伸び率への影響は〇・五パーセント前後である。

では、先進国の賃金には、どの程度の影響があったのだろうか。資本ストックが一パーセント減少したとき、生産性にあたえる影響は一パーセントに満たない。資本は生産要素のひとつにすぎないからである。通常、この影響は〇・三パーセント前後と推定されている。ここから、簡単な計算によって、第三世界への資本流出は一九九〇年以降(八〇年代には資本移動がほとんどなかった)、第一世界の実質賃金を約〇・一五パーセント押し下げたことになる。シュバープ、ドロール委員長、経済政策研究所が想定しているような大きな被害とはとてもいえない。

おなじ点を別の観点から分析することもできる。先進国の設備投資に向けられるはずの資金を他の目的に振り向けるものはすべて、先進国の実質賃金を押し下げる。しかし、第三世界への投資はここ数年間にようやく、目立つようになってきたにすぎない。一方、貯蓄を設備投資以外に向けさせる要因は、純粋に国内のものにも見られる。アメリカをはじめとする先進国の財政赤字がそれだ。一九八〇年以降、アメリカだけでも連邦財政赤字は総額三兆ドルを上回っており、先進国全体による新興市場諸国への投資の一〇倍以上にのぼっている。第三世界への資本輸出が注目を集めているのは、それが珍しいからにすぎず、総額で見れば、国内の財政赤字に比較してごく少額にすぎない。

この二つの数値を比較するのはおかしいという意見もあろう。貯蓄は財政赤字に吸収された場合、消えてしまうが、海外の工場に投資された場合、製品がつくられて、国内の製品と競争することになる。だから、直観的には、財政赤字よりも対外投資の方が打撃が大きくなると思える。しかし、この見方は間違っている。第三世界への投資は、第三世界の生産性を向上させる。そして、これまで二つのモデルで見てきたように、第三世界の生産性が向上しても、それだけで第一世界の生活水準が低下するとは考えにくい。

政府高官や経済関連の論者の間では、資本移動が信じがたいほど盛んになっており、これで世界が様変わりしているというのが常識になっている。しかし実際には、資本はそこまで移動してはおらず、これまでのところ、少なくとも先進国の経済には、ほとんど影響をあたえていない。

モデル4——所得の分配

以上から、第三世界の成長は第一世界にほとんど悪影響をあたえていないとの結論になりそうだ。しかし、もうひとつ、考えておくべき問題がある。第三世界の成長が、第一世界の熟練労働者と非熟練労働者の間の所得分配にあたえる影響である。

最後のこのモデルでは、もうひとつの要因を加え、労働に、熟練労働と非熟練労働の二種類があると想定しよう。そして、熟練労働者数に対する非熟練労働者数の比率が、北にくらべて南の方がはるかに高いと想定する。このような状況では、非熟練労働者の賃金に対する熟練労働者の賃金の比率は、南より北の方がはるかに低くなると予想できる。この結果、北は技術集約型の財とサービスを輸出すると予想できる。つまり、生産にあたって、非熟練労働力にくらべて熟練労働力を多用すると予想できる。これに対して南は、労働集約型の製品を輸出すると予想される。

この貿易が北の賃金にどのような影響をあたえるだろうか。北と南という二つの国が、技術集約型の財と労働集約型の財を交換しているとき、間接的に熟練労働力と非熟練労働力を交換していることになる。北が南に輸出する製品には、北が南から輸入する製品より、熟練労働力が大量に使われている。このため、北の熟練労働者の一部が南に移住したのとおなじ結果になっている。同様に、北が南から労働集約型の製品を輸入するとき、南の非熟練労働者の一部が北に移住したのとおなじ結果になる。南との貿易によって、北では熟練労働力が不足する結果になり、その賃金が上昇する。半面、北の非熟練労働力は過剰になり、賃金が低下する。

したがって、第三世界との貿易が増えたとき、第一世界の全体的な賃金水準はほとんど影響を受けないとしても、理論的には、熟練に対する賃金のプレミアムが上昇し、賃金の不平等が広がることになる。また、「要素価格均等化」によって、北の低熟練労働者の賃金は、南の水準に向かって低下するはずである。

この結論が気がかりなのは、所得の不平等がアメリカでは急速に広がっており、他の先進国でも程度の差こそあれ、広がっているからである。第三世界との貿易は、第一世界の平均賃金に影響をあたえないとしても、一九七〇年代以降、アメリカで非熟練労働者の賃金が急速に低下し、ヨーロッパで失業率が高まったことの主因になっているのではないだろうか。

しかし、事実を見ていくなら、要素価格均等化がアメリカの賃金不平等拡大の主因ではないことを示すものが圧倒的に多い(もっとも、これまでのモデルにくらべて、証拠は間接的であり、しっかりしたものでもない)[2]。要するに、第三世界との貿易は、そこまで規模が大きくない。低賃金国との貿易は、GDPの一パーセント強しかないので、貿易によって事実上、移住したことになる労働者数は、労働力人口に対する比率で見て、きわめて低水準にとどまっている。

もっと注意深く調査すれば、南北貿易が賃金の分配にあたえる影響はもっと大きいと推定されるかもしれない。また、今後は貿易がさらに増えて、これまでより影響が大きくなるかもしれない。しかし、現時点で入手できるデータは、第三世界との貿易が賃金の不平等拡大の大きな要因になっているとの見方を支えるものにはなっていない。

さらに、南北の貿易によって所得の不平等拡大の一部を説明できるとしても、平均賃金の伸び率が低下したことはまったく説明できない。一九七三年まで、アメリカで平均賃金が年二パーセント以上伸びていたが、それ以降は年〇・三パーセントの伸びにとどまっている。この伸び率低下こそが、経済の問題の中心であり、第三世界からの輸入は、これとは無関係である。

ほんとうの脅威

第三世界との競争が先進国にとって主要な問題になっているとの見方は、理論的に見て疑わしく、実証的に見て、まったくの誤りだといえる。では、なぜ、これが問題になるのか。経済学者の意見の対立にすぎないのではないのか。この問いに対する答えのひとつとして、第三世界との競争の危険を説く人たちが、この点を重要だと考えていることがあげられる。たとえば、欧州委員会が白書の余白を埋めるためだけに、低賃金国との競争に言及したとは考えられない。政府高官や識者が低賃金国との競争がもたらす悪影響を強調することが重要だと考えているのであれば、経済学者や実業界の指導者がこの見方の間違いを指摘することも、少なくともおなじ程度に重要である。

見方は重要である。最近の新聞報道によれば、アメリカとフランスは、ガット（関税・貿易に関する一般協定）の次回の交渉で、賃金と労働条件に関する国際基準を議題とするよう要求することで合意に達したという。アメリカ政府の高官は間違いなく、第三世界の労働者を思う純粋な気持ちからの要求だと主張するだろう。しかし、発展途上国側はすでに、そのような基準について、自分たちにとって競争上の唯一の優位である豊富な労働力を利用できなくし、世界市場への進出を妨げようとするものだと反論している。発展途上国の主張は正しい。これは、人道主義の仮面をかぶった保護主義なのだ。

とくに懸念されるのは、素朴で露骨な貿易障壁に代わって、形を変えた保護主義が横行するようになる可能性があることだ。たとえば、ロバート・カトナーはかなり以前から、繊維と衣料品の国別市場シェアを固定している多国間繊維取り決め（ＭＦＡ）をモデルに、世界貿易の枠組みをつくるべきだと主張している。要するに、世界市場をすべて、カルテル化すべきだという主張である。このような提案はいまのところ、政策論争で真剣な議論の対象にはなっていない。しかし、第三世界の成長が第一世界の問題の原因になっているとする根拠のない見方を、権威があり、尊敬を集めている有力者が主張するようになれば、世界貿易をがんじがらめに規制する政策にいたる道を切り開くことになる。

ここで取り上げているのは、狭い範囲の経済問題ではない。欧米が自分たちの生活水準を守るという間違った考え方にしたがって輸入障壁を築き上げれば、世界経済の現状でもっとも明るい面を破壊することになりかねない。広範囲な経済開発がようやくはじまり、数億、数十億の人たちが生活水準の向上を期待できるようになったのだ。第三世界の経済発展は脅威ではなく、機会である。世界経済にとってほんとうに脅威になっているのは、第三世界の成功ではなく、第三世界の成功に対する第一世界の恐れなのだ。

［注］

（1）　必読文献に、J.R. Hicks, "An Inaugural Lecture," *Oxford Economic Papers* (New Series): June 1953の長期的なドル問題に関する部分、H.G. Johnson, "Economic Expansion and International Trade," *Manchester School of Economic and Social Studies*, May 1995がある。

（2）　Lawrence F. Katz, "Understanding Recent Changes in the Wage Structure," *NBER Reporter*, Winter 1992–93, Robert Lawrence and Mathew Slaughter,

"International Trade and American Wages in the 1980s : Giant Sucking Sound or Small Hiccup?" *Brookings Papers on Economic Activity* 2, 1993 を参照。

(ハーバード・ビジネス・レビュー誌の許可を得て同誌一九九四年七・八月号より転載)

第5章　貿易をめぐる衝突の幻想

一九九三年の夏、フォーリン・アフェアーズ誌の編集長（きわめて知的で、学識があり、尊敬している編集者だ）との打ち合わせで、ほんの数か月前であれば仰天したはずの言葉を聞いた。わたしは、国際経済関係に関する論評を提案し、これが後に同誌九四年三・四月号に掲載された「競争力という危険な幻想」（本書第1章として転載されている）になった。このとき、編集長はこう質問した。「市場経済の間の経済競争がいまでは、冷戦の軍事的な競争に代わるものになったというのが常識になっているが、この常識に挑戦しようというのか」。

この言葉がどうして、仰天するようなものなのか。その理由を説明しよう。経済学を学んできた者にとって、軍事対決との類似点をまともに考えられるような競争として、貿易をとらえる考え方は、じつに奇妙なものと思えるのだ。たしかに、貿易をめぐる衝突に関してはさまざまに議論されているし、「戦略的通商政策」という高度な理論もある。しかし、これらの問題を実証的に裏付けようとする研究ではいずれも、貿易の影響はきわめて小さく、国民所得の一パーセントにも満たないという結論になっている。少なくとも、生死を分ける軍事競争の比ではないという結論が出ている。

では、貿易と冷戦が似ているとする考え方が「常識」だなぞと、どうしていえるのか。以下では、この質問に触発されて考えた三つの点について論じていく。

第一に、この編集長が非常識なのではない。貿易を軍事に似た競争だとする見方は、たしかに、政治家、実業界の指導者、有力な識者の間で、つまり、影響力のある人たちの間で常識になっている。経済学者が経済に関する議論で主導権を失っているというにとどまらない。ごく普通の経済学の教科書で取り上げられている考え方は、これら有力者の間では話題にもなっていないのだ。

第二に、貿易が経済全体に好影響をあたえるとする経済学の常識が否定されているのは、通常の経済モデルが現実にあっていないのではないかという当然の疑問のためだという見方もあろうが、実際にはそうではない。それどころか、自他ともに認める優秀な人たちが国際競争力をめぐって繰り広げている論争を見ると、経済に関するきわめて単純な事実と理論を理解できていないと考えないかぎり、まったく意味をなしていない。

第三に、貿易に関する有力者の間の議論は、まったくの無知（高度な知識に基づくかのように装っているだけに、ますます質が悪い無知）が特徴になっているだけに、経済問題をめぐる国際的な衝突が、諸国間のまともな利害の対立によってではなく、影や幻想に基づいて起こる可能性があることを理解しなければならない。ほんとうに脅威になるのは、現実とは似ても似つかぬ経済衝突の幻想である。

1　必読書

国際経済に関する議論の現状を示すには、おそらく、アメリカ人のうち、知識の吸収に積極的な層の立場に立って考えてみるのが最善だろう。公共放送網（PBS）のマクニール・レーラー・レポートを見ており、アトランティック誌、ニューリパブリック誌、ニューヨーク・レビュー・オブ・ブックス紙を読んでいて、経済を専攻したわけでも、経済の専門家になろうとしているわけでもない人たちが、世界経済について知識を吸収したいと思ったとき、どうするだろうか。当然ながら、まずは必読書を集めるはずだ。評判がよく、公共放送テレビで顔を見ることがある有名な著者が書いた本である。では、必読書に入るのは、どの本だろうか。

例をあげてみよう。

(一) レスター・サロー著『大接戦——日米欧どこが勝つか』。いうまでもなく、大ベストセラーになった本だ。クリントン大統領はじめ、多数の有力者に注目され、称賛されてもいる。

(二)ロバート・ライシュ著『ザ・ワーク・オブ・ネーションズ』。『大接戦』ほどのベストセラーにはならなかったが、書評には熱狂的なものが多かった。いうまでもないが、著者は労働長官であると同時に、クリントン大統領にとって、とくに重要な助言者である。

(三)ジェフリー・ガーテン著『冷たい平和——米日独と覇権をめぐる戦い』。ベストセラーではないが、有力者の多くに高く評価された。この本によって、著者は通商担当商務次官補のポストを得た。

(四)クライド・プレストウィッツ著『日米逆転』。著者は元商務省審議官で、現在は大きな影響力をもつ経済戦略研究所の所長。アメリカが日本に出し抜かれた経緯を書いたこの本で、広く注目を集めた。著名なコラムニストに引用されることも多く、テレビや議会の公聴会に頻繁に登場している。

(五)エドワード・ルトワク著『アメリカンドリームの終焉』。ルトワクが有名になったのは、政治と軍事に関する著作によってだが、この本は「ジオ・エコノミクス」の分野に踏み込んだものであり、戦略的競争に似た概念を貿易に適用し、大きな注目を集めた。

(六)アイラ・マガジナー、マーク・パティンキン著『競争力の現実——世界企業戦争の勝者と敗者』。広範囲な読者向けの本ではないが、リベラル派の指導者に高く評価された。マガジナーはこれで経済政策の権威の立場を確立し、クリントン政権の医療制度改革案を立案する地位を得た。

（七）世界経済フォーラム著『世界競争力年報一九九四年版』。有名なダボス会議を主催している世界経済フォーラムの年報であり、毎年、マスコミで大きく取り上げられる。最新の報告書では、欧米諸国が受けている競争圧力について、きびしい評価をくだしている。

このリストは壮観である。著者はいずれも、大きな影響力をもつ著名人である。これらの本に共通するものはなんだろうか。

共通点のひとつに、世界経済をきびしい戦いの場ととらえていることがあげられる。市場をめぐる戦い、資本をめぐる戦いの場であり、この戦いで世界のリーダーに対抗できない国は、深刻な苦境に陥るとされている。この競争の描き方では、少しずつ違いがある。たとえばライシュは、すばやく移動する資本をどの国が引きつけるかの競争だと描いており、サローは戦略的な産業の動向に注目しているようだ。政策の焦点にも違いがある。ライシュは教育と訓練に力点をおき、サローは産業政策の導入を主張し、プレストウィッツは通商政策でもっと強硬な姿勢をとるよう主張している。しかし、世界経済を戦いとして、「勝つか負けるか」の競争としてとらえている点は共通している。それを示すように、軍事の比喩が随所で使われている。軍事を思わせる言葉が、サロー、ガーテン、マガジナーの著書の題名か副題に使われているし、ルトワクの本文にもはっきりと出てくる。

もうひとつ、これらの本に共通する点として、経済学者が教えている貿易理論に近い概念が、まったく取り上げられていないことがあげられる。これらの著者が経済学者の見方に異議を唱えているというのではない。正統的な貿易理論をまったく無視しているのである。

正統的な経済学の無視がきわめて徹底したものであることをはっきりさせておくべきであろう。経済学研究の最新動向に詳しくないといった問題ではない。リカードをはじめとして、経済学者が学んできた貿易理論がいっさい、これらの本では取り上げられていないのである。リカードと比較優位の理論に触れたのはルトワクの本だけだ(他の本でも、「比較優位」という言葉が出てくるケースがあるが、「競争上の優位」を意味する言葉として使われている)。そのルトワクにしても、わずか二センテンスでリカードを取り上げたあと、比較優位の概念は無意味だと切り捨てている。貿易について論じる際の枠組みは、それぞれの著者が組み立てたものか、もっと目立つのは、経営戦略、軍事戦略から借りてきたものになっている。

言い換えれば、貿易に関する議論のなかでは、大学で研究され、教えられている経済理論は、ないに等しいことになる。

たしかに、こう断言すれば、言いすぎだという反論があるかもしれない。何人かの著者の著作だけから、ここまで断言することはできないのではないか。ほんとうに力をもつ有力者に対して、経済学者ははるかに大きな影響力をもっているのではないだろうか。

では、上記の必読書リストの著者が、どこまで重要なのかを考えてみよう。このうちの三人は、クリントン政権の高官になった。サローは、世界でもっとも有名な経済学者ともいえるし、少なくとも、著書の販売部数がもっとも多い経済学者であることはたしかだ。そして、世界経済フォーラムは、ほんとうに力をもつ人物が加わっていないといわれれば、仰天するだろう。

さらにいうなら、影響力のある本や著者で、常識的な経済理論に無関心ではないものがあるだろうか。わたしが知るかぎり、過去一〇年間にベストセラーになったアメリカの経済書のなかで、常識的な貿易理論に触れたものはなかった。批判の対象として触れたものすらなかった。

あるいは、学者の見方を「常識的」と呼ぶべきではないのかもしれない。とくに重要な人物の見方、新聞に書かれているから話題になる見方、話題になっているから新聞に書かれる見方を常識と呼ぶのであれば、貿易を勝つか負けるかの競争としてとらえる見方、アメリカが勝利しなければならない競争だとする見方こそが常識である。そして、大学の経済学の教科書に出てくる見方は少数派の意見であって、影響力はないに等しい。

2 だれが正しいのか

経済について考え、執筆している者のなかには、大学の経済学教科書に出てくる見方にはたしかに影響力はないと考える人が多いはずだ。ジョン・ケネス・ガルブレイスの言葉を借りるなら、経済学者は「破綻した専門職」だと見られており、経済学教授の語ることなぞ、無視するのは当然だとされている。優秀な識者は新鮮な目で世界経済を見るべきであり、破綻した理論がもちこんだ偏見にとらわれる理由はない。識者が経済学を無視しているのは、ものごとをよくわきまえているからだという。

経済学者がどうしてここまで軽んじられているのか、その理由については後に触れることにする。まずは、前述の必読書リストに書かれている国際経済の分析が、経済学の影響を受けていないことで、優れたものになっているのかどうかに焦点をあてたい。

これらの本のすべてについて、ここで内容を詳細にわたって批判することは、もちろんできない。そこで、いくつもの本に出てくるテーマ（ライシュとルトワクの著作、『世界競争力年報』で取り上げられている）に焦点をあてる。低賃金国との競争が、欧米諸国にとって脅威になっているというテーマである。

『世界競争力年報』は、この脅威をきびしく指摘している。「現在、いわゆる先進工業国では、三億五〇〇〇万人が雇用されており、時間当たり平均賃金は一八ドルである。しかし、過去一〇年間、中国、旧ソ連、インド、メキシコなど、人口の多い大国が世界経済に加わるようになった。これらの国を合計すると、一二億の労働力が世界経済に加わり、時間当たり平均賃金は二ドルであり、一ドル以下の地域も多いと推定される……。

この点から、先進工業国の労働者は、生産性の点で大幅なリードを保てないかぎり、大きな圧力を受けるようになった。低賃金国に生産拠点を移そうとする産業が多くなることは、疑いをいれない。ガット体制のもとでは、どの国にでも事業を移す権利が認められており、財、サービス、設備投資の流れが保証されているので、企業が世界全体を見渡して、それぞれの国の比較優位を完全に利用することを妨げるものはなにもない……。世界市場がこのように特化の方向に容赦なく向かっていることから、存在理由が危うくなっている国が多い……。製造業が欧米から流出するのは、避けられないように思える……。このため、先進工業国では、どのようにして富を生み出すのかが、むずかしい問題になってきた」

明確で説得力のある見方だ。低賃金国がいまでは、先進諸国から資本と技術を引きつけることができるようになった。この結果、低賃金国は生産性を欧米に近い水準まで引き上げることができ、賃金ははるかに低い水準にとどまっている。それでどうなるかは、明らかと思える。低賃金国は貿易黒字が巨額になり、これまでの高賃金国では、失業が大幅に増えるか、賃金が急速に低下する……。説得力がある、と思えないだろうか。しかし、この見方にはひとつだけ問題がある。文字どおりの意味で、意味をなさないのだ。

その理由は、会計の基本的な原則、おそらくは、国際経済を考えるうえでもっとも基本的な等式にある。

貯蓄－投資＝輸出－輸入

これは仮定に基づく理論ではない。つねに成り立つ会計恒等式であり、経済理論ではかならずしたがわなければならない数式である。そして、『世界競争力年報』の主張は、この恒等式を明らかに無視している。

主張をもう一度見てみよう。欧米諸国から低賃金国に資本が流出するとされている。つまり、低賃金諸国は、外国資本の対内直接投資があるために、国内の貯蓄以上に投資できるとされている。つまり、低賃金国では、この等式の左辺がマイナスになる（貯蓄より投資が多くなる）。同時に、低賃金国では輸入よりも輸出が多くなって、先進工業国で空洞化が進むと主張されている。ということは、等式の右辺はプラスになる……。

低賃金諸国との競争という見方に説得力があると考えている人たちに、この問題を説明しようとするとき、真っ先に質問されるのは、では、これに代わるどのような見方があるのかである。これに代わる見方は、はっきりしている。資本と技術が低賃金国に流出すれば、その国の生産性が向上し、それとともに賃金が上がる。その結果、先進国に対して巨額の貿易黒字を出すわけにはいかなくなり、逆に、資本流入に見合った分、貿易赤字になる……。このように説明すると、そんなことは信じられず、市場はつねに正しいという経済学者の思い込みによるものにすぎないのではないかという反応がかえってくる。そこで、ではどうなると思うかとわたしは相手に質問する。相手は、低賃金国の貿易黒字が巨額になると思うと答える。では、低賃金国が高賃金国に巨額の資本を輸出するようになるのか、とわたしは質問する。会話は急に気まずくなって、だから経済学者は嫌われるのだと、だれかがつぶやく。

こうした議論で、多国籍企業が低賃金国に生産拠点を設けると、生産性は第一世界に近くなるが、賃金は第三世界の水準にとどまる事実をもちだす人が多い点も、指摘しておくべきだろう。これに対して、経済学者はこう答える。それは経済学の理論で予想されるとおりの結果だ。賃金はその国の平均生産性によって決まってくるのであって、ひとつの工場の生産性によって決まるわけではない。ある国に最先端の工場がいくつかできても、その国の平均生産性はそれほど上昇せず、したがって、賃金が高くなるとは予想されない（そして、全体的な生産性は低くても、少数の製品でアメリカに近い生産性を達成できた国は、そうした製品を輸出するのが通常である。経済学ではこれを比較優位と呼ぶ)。このように、通常の経済理論で予想されるとおりの結果が起こっているだけだといくら説明しても、この事実によって、貿易収支に関する経済学者の楽観的な見方が崩れるはずだという先入観は変わらない。

以上の例から、なにが学べるだろうか。第一に、経済理論には、きわめて単純で、議論の余地がないが、経済学に詳しくない人たちにとっては落とし穴になる点がある。前述の会計恒等式がそうだし、賃金がその国の平均生産性によって決まり、個々の工場の生産性で決まるわけではないこともそうだ(もっとも、整合性がとれている理論よりも、混乱した理論の方がはるかに説得力があり、数値や数式で混乱ぶりを指摘しても、誤った見方にしがみつこうとする人が多く、なかには怒りだす人もいる)。つまり、経済学者はそれなりに価値のある知識をもっている。

第二に、必読書の著者が経済学を軽蔑するとき、もっとすぐれた理解、もっと微妙な見方が基礎になっているわけではない。むしろ、おどろくほど無知で、ものごとを知らない。以上では低賃金国との競争の例だけを取り上げており、この点を強調しているのは必読書のうちいくつかだけだ。しかし、必読書やおなじ著者の別の著作を見ていくと、おどろくしかないほど、誤りや概念の誤解が多い。事実の誤り、数値の混乱、一見高度な議論の裏にある二重計上、競争に関する基本的な概念の誤解などである(大げさすぎると思われるのであればフォーリン・アフェアーズ誌一九九四年七・八月号［本書第2章に転載］を参照されたい）。

したがって、貿易に関する常識を説いているのは、まったく無知な人たちだとわたしは断言していることになる。ものごとを深く知っていると考えているし、有力者にもそう思わせているが、実際には、世界経済のもっとも基本的な原理すら知らず、これにくらべれば、軽蔑されている経済学者は、知恵があり、常識があると。そして、実際にこれこそ、わたしが主張しようとしている点である。しかし、ここから二つの疑問が出てくる。第一に、どうしてこんな状況が生まれたのか、第二に、これは重要なことなのか……である。

3　反経済学の錬金術

わたしが知るかぎり、政府の政策に関心をもつ識者は、経済学に関してだけ、他とは違う態度をとっている。法律問題や防衛の問題について、一言のある人は多い。しかし一般に、これらの問題をまともに論じるときには、かなりの専門知識が必要だと考えている。このため、法律問題について論じる人は、大学院で法律を専攻しているのが当然だと見られているし、防衛問題について論じるのなら、職業軍人としてか軍事問題の研究者としての実績が必要だとされている。他の分野でもそうだ。

ところが、経済の問題、とくに貿易の問題を論じるのであれば、専門知識は必要ないと見られているようだ。法律家、政治学者、歴史家がこの問題について発言しており、経済学の教授が語ることは、かなり曖昧模糊としているのが通常だが、なんであれ素朴で誤ったものに違いないと見られている。

別の有名な著者の著作から、典型的な一節を引用してみよう。これを書いたのは、『大国の興亡』、『二一世紀の難問に備えて』の著者、ポール・ケネディである。ケネディ教授は歴史学者だが、最近では、国際経済について書き、発言するようになった。ニュー・パースペクティブ・クォータリー誌から引用してみよう。「たしかに、現代化への流れは止めることができないが、ある製品が、一九世紀のように西欧だけで、あるいは二〇世紀後半のように東アジアだけで生産されるのではなく、世界中で生産されるようになれば、どうなるだろう。……賃金水準に違いのある五〇か国が大豆を生産できるようになり、七〇か国が鉄鋼を生産できるようになれば、どうなるだろう。アダム・スミスは自由貿易と特化の利点を説き、イギリスの気候条件が繊維の生産に適し、ポルトガルの気候がワインの生産に適している以上、イギリスとポルトガルがどちらも繊維とワインを生産するのは、経済的に無意味だと主張したが、そのスミスも、ここまで多角的な競争という現実を分析したわけではない。にもかかわらず、これが現在の自由市場経済学の基礎になっている。他の国よりも低コストで効率的に生産できるものがなにもなく、労働コストをつねに引き下げていくしかないとすれば、いったいどうすればいいのか」。

この雑誌の読者の多くは、国際経済にある程度関心をもち、経済学を研究したわけではないが、国際経済にはそこそこ詳しいと自任しているはずである。そういう読者に質問してみよう。ケネディ教授のこの文章で、腹をかかえるほどおかしい点を見つけられただろうか。

見つけられなかったとしたら、なんたることかと言うしかない。第一に、教授はデービッド・リカードとアダム・スミスを混同している。些細な揚げ足取りと思えるかもしれない。しかし、心理分析について真剣な批判を提示すると考えている識者がいるとしよう。心理分析という分野は、国際経済理論にくらべて、理論研究でも実証研究でも、基礎がしっかりしていない分野だが、批判しているはずの識者がのっけから、フロイトとユングを混同する間違いをおかしていたら、どう思うだろうか。あるいは、進化論を論じている人が、ダーウィンとメンデルを混同していたら……。

しかし、もっと重要な点は、教授が比較優位の概念（「現在の自由市場経済学の基礎」）について論じていながら、この概念をまったく理解していないことだ。他の国よりも低コストで効率的に生産できるものがなにもなければどうすればいいのかという懸念は、比較優位を絶対優位と混同した初歩的な誤りである（この誤りについては、とくによく売れている大学の教科書の二〇ページに取り上げられている）。これではまるで、男はだれでも自分の父親を殺して母親と結婚したいという願望を自覚していると論じたとして、フロイトを批判するようなものだ。

これはとくに目立つ例だが、この引用に示されている態度、つまり、国際経済を論じる際には特別な知識を必要とせず、経済学者が主張する理論はそれがなんであれ、馬鹿げているとする態度は、きわめて広範囲に見られる。わたしはここにあげた必読書の著者のひとりに、経済問題を論じてまともに注目を集めようと思ったら、学問的な研究にたずさわった経歴は重荷になるだけだと皮肉られたことがあるほどだ。

しかし、どうしてこういう態度が一般的になっているのだろうか。経済学者という専門職の地位を擁護するには、専門外の社会学の手法で分析を行わざるをえず、いかにも居心地が悪いが、それでも、以下の仮説を提示してみたい。

第一に、経済学は現実の問題を取り扱うので、知識のあるところを示そうという強いインセンティブがはたらく。国際経済の分野はとくにそうで、「グローバル」という言葉から連想されるロマンと魅力によって、この分野について論じたいという欲求がさらに強まる。この結果、国際経済に関しては、専門知識や経験をほとんどもたない人たちが大量に、それぞれの見解を発表している。

第二に、衆を頼めば無知もこわくない。法律家、政治専門家など、多数の人たちが経済学について自由に意見を述べているので、専門家としての立場やこの分野についての知識がない人でも、意見を発表することにためらいを感じなくなっている。

第三に、経済学者でない人たちが経済について書いたものは、正統的なものより説得力があるように思えることが少なくない。専門用語が使われていないというだけではない。まともな経済分析は、説明がいかにうまくても、直観的には理解しにくい場合が多い。たとえば、低賃金国が貿易黒字を出しながら、資本が流入してくる状況はありえないという説明を、一回読んだだけで理解できただろうか（いまですら、理解できているだろうか）。

第四に、経済学者に対する悪口が蔓延している。これは理解できることだ。たとえば、軍事の専門家で、経済に関しても発言できると考えている人の立場に立ってみよう。経済についてエッセイを書いたり、一冊の本まで書く。すると経済学者がしゃしゃり出てきて、そこに書かれた議論はすべて、大学の経済入門の教科書に出てくる有名な誤解ばかりであり、国民経済計算の初歩を知らないから、主張の柱が矛盾したものになっていると指摘する。このとき、基礎を勉強しなおそうと、経済学入門の教科書を手にするだろうか。なにも知らないくせにもったいぶった発言をするとんでもない連中だと、経済学者をけなすようにならないだろうか。

そして第五に、おなじように誤解している聴衆に向かって、経済学者の悪口をいう識者の発言によって、経済学者はろくにものを知らないという見方が強まり、経済学を学んでいない人たちがますます、経済問題の専門家を自任して発言するようになり、このサイクルが強まる。

要するに、悪い考え方が良い考え方を駆逐する悪循環が起こっている。貿易に関する議論では、この過程はほぼ行き着くところまで行き着いている。高度な理論はもちろん、比較優位の概念や貯蓄・投資の恒等式（S－I＝X－M）ですら、議論から駆逐されている。

ここから、経済問題をめぐって主要国間で起こりうる紛争を理解しようとするとき、各国が自国の真の国益をかなりの程度まで正確にとらえた結果に基づくものにはなりそうもないと見ておくべきである。逆に、貿易を戦いととらえる見方に基づくものになり、この見方はまともな理論や事実を突きつけられれば、すぐに消え去ってしまうようなものなのである。

4　これは重要なことなのか

このエッセイを執筆する直前に、議会はガット・ウルグアイ・ラウンドを批准し、世界貿易機関（WTO）への加盟を承認する法案を可決した。一年前には、おなじ議会で北米自由貿易協定（NAFTA）が批准された。クリントン政権は、日本との通商交渉で大騒ぎしているが、少なくとも一九九四年末の時点では、貿易戦争に突入していないし、近く突入する気配もない。したがって、クリントン政権の高官がその著書で国際経済への無知をさらけだしていても、同政権の実際の行動は自由貿易論者にとって喜ばしいものになっている。では、貿易を戦いと見る幻想が識者の議論のなかで幅をきかせているとしても、実際にどのような打撃になっているのだろう。

この問いに対する答えのひとつとして強調したいのは、付随的な被害とも呼ぶべきものである。必読書の著者は、国際経済に関する見方を執筆し、考え抜かれた賢明な見方だという印象を読者にあたえて、名声を獲得している。その見方の力によって、助言を求められ、政府高官のポストをあたえられ、きわめて重要な政策立案の中心になった。しかし実際には、その見方は考え抜かれたものでも賢明なものでもなく、弁解の余地もないほど間違っており、それも、経済学の初歩の初歩を知っている者には自明であったり、公立図書館の資料室で一時間も調べればすぐにわかる程度の間違いをおかしている。そうであれば、これらの高官がどのような助言をし、どのような決定をくだすのか、心配にならないだろうか。

しかし、それだけでなく、もっと直接に貿易に関連する懸念材料がある。必読書リストにあげた本の著者は、ほとんどがあからさまな保護貿易主義者ではない。しかし、なぜそうでないのかは、理解しがたい。『世界競争力年報』の主張をまともに考えていけば、高賃金国と低賃金国の間の貿易と資本の流れを止めるのが望ましいとされているのは明らかである。年報では、こう結論づけられてはいない。議論の最後になって、明らかに逆の方向の主張を接ぎ木している。おなじことが、他の本にもいえる。あからさまな保護主義の主張は、また上品な場では受け入れられないのだろう。そこで、各著者はどのような主張を展開していようと、職業教育や限定的な産業政策など、まともと考えられている提言を付け加えて締めくくりとしている。

しかし、自由貿易を主張する見方が政策論争から事実上、締め出されているのだから、自由貿易が識者の公式のイデオロギーとして、長く生き残れるとは考えにくい。必読書リストには掲げなかったが、フランスでベストセラーになっている本がある。その本で展開されている経済についての見方は、基本的には『世界競争力年報』のものと違っていないが、年報とは違って、あからさまな保護主義では受け入れられないのではないかという懸念から表現をやわらげたりはしていない。

この本はジェームズ・ゴールドスミス著『トラップ』である。すさまじい本であり、経済に関する見方は、「労働者搾取の誤謬」(前述の教科書の二一ページに論じられている)と、基本的事実に関する無知を組み合わせたものである。しかしこの本には、長所もある。自信をもって見方を表明している点だ。そして、国際競争という概念を論理的な帰結にまで押し進め、保護主義を率直に表明している点だ。ゴールドスミスは基本的に、賃金水準がほぼ等しい国との間でのみ、貿易を許可すべきだと信じており、この保護主義こそ、フランスの知的な読者が求めていたものだった(この本の英語版がどこまで売れるのかは、まだわからない)。

政府の政策をめぐる議論で今後も、貿易を戦いとして描く論法が主流を占めるのであれば、いずれ、ゴールドスミスのように、この見方を論理的な帰結まで押し進めようとする人たちが力をもつようになるだろう。つまり、貿易は戦争の一種としてとらえられるようになり、現在の比較的開かれた世界市場は、解体されることになろう。自由貿易のイデオロギーを信奉しているのは、少数の経済学教授だけだからである。

そうなっては、なんともやりきれない。さまざまな欠陥はあるが、経済学の教授の見方は正しいのだから。政府の政策について発言している識者の多くは、きびしい国際競争が繰り広げられていると考えているが、これは幻想にすぎない。しかし、この幻想のために、貿易によってすべての国が利益を受ける現実が破壊されかねない。

(ピース・エコノミクス・ピース・サイエンス&パブリック・ポリシー誌の許可を得て同誌一九九五年冬号九〜一八ページより転載)

Ⅱ 良い経済理論と悪い経済理論

第6章　アメリカの競争力の神話と現実

三〇年前のアメリカでは、貿易問題が国民の注目を集めることはまずなかった。しかしいまでは、教育だろうが、財政赤字だろうが、環境汚染の規制であろうが、ほぼあらゆる分野の政策議論で、国際競争力に関する懸念をもちだすのが流行になっている。不人気の政策を擁護しようとするとき、国際競争力を高められることが根拠としてもちだされる。一般受けのする政策に反対する際にも、競争力を弱めると主張される。

国際競争力についてアメリカ国民の関心が高まった理由は明らかだ。アメリカ経済で、貿易の重要性が高まってきたのだ。GNPに対する輸入の比率は、三〇年前の三倍になった。同時に、世界のなかで圧倒的だったアメリカ経済の地位が、目に見えて低下している。アメリカ経済は一時期、GNPで見て世界の市場経済国全体のうち、半分以上を占めていたが、いまでは三〇％以下にまで比率が低下した。一時期はほぼすべての先端技術で、アメリカが先頭を走っていたが、その後、さまざまな分野で挑戦を受けるようになった。一時期は、生産性の高さでもアメリカは圧倒的な地位を占めていたが、いまでは少なくとも製造業で、他の工業国とほぼ変わらなくなり、いくつかの産業ではアメリカが明らかに後れをとるようになった。

競争力を懸念する声はこのように一般的になっているが、「競争力」という言葉がなにを意味するのかについては、まともな議論がほとんどなされていない。おそらく、「競争力」という用語を使うとき、ほとんどの人が国を企業に似たものと考え、貿易とは企業間の競争を大規模にしたものと考えているといえるだろう。いうまでもなく、企業経営の世界では、競争力という言葉ははっきりした意味をもっている。競争力をもたない企業とは、競争相手よりも製品が劣っているか、コストが高い企業であり、市場シェアを失って、いずれ存続できなくなる。しかし、国は企業とは性格が違う。国の間の貿易は、企業間の競争とは大きな違いがあるため、国について「競争力」という言葉を使うのは誤解を招きかねず、意味がないと見ている経済学者が多いほどである。

しかし、アメリカの競争力を懸念する人たちは、根拠のないまま懸念しだしたわけではない。国際競争のなかで、アメリカが重要ななにかを失ってきているとの見方が根拠になっている。そして、国を企業に似たものとする素朴な考え方は間違っているが、国際競争に対応できなければ、国の経済の健全性が失われていくことがあるとの見方は正しい。

以下では、国際競争の問題について論じていく。まず、競争力に関するいくつかの「神話」を批判する。つまり、国と企業とを似たものと考える誤った見方から生まれ、広く信じられている考え方を批判する。つぎに、競争力の「現実」に話題を移し、ほんとうに懸念すべき問題を取り上げる。

競争力の神話

競争力の問題は、この世の終わりがくるという調子で語られることが多い。国際競争に対応したものにアメリカを変えていかなければ、経済が悲惨な状況に陥るというわけだ。このような極端な見方は、国を企業と似たものととらえる誤った考え方に基づいている。この考え方のどこが誤っているのかは、以下のような単純な例を想定してみると、よくわかる。

まず、世界全体で労働生産性が年率一パーセント上昇していくと想定する。つまり、アメリカでも海外諸国でも、生産性の伸び率が変わらないと想定する。この場合、アメリカでも海外諸国でも、生活水準、実質賃金などが、年に一パーセントの率で上昇すると考えるのが適切になる。

つぎに、アメリカの生産性伸び率は一パーセントで変わらないが、外国の生産性伸び率が四パーセントに上昇したと想定する。この場合、アメリカ人の生活水準にどのような影響がおよぶであろうか。

アメリカは当然、深刻な問題にぶつかると考える人が多い。企業なら、生産性で競合他社に後れをとれば、市場シェアを失い、従業員を解雇せざるをえなくなり、いずれ存続できなくなるからだ。おなじことが国の場合にも起こらないのだろうか。

この問いに対する答えは、「ノー」である。国際競争によって国が存続できなくなることはない。通常、均衡をもたらす強い力がはたらいて、生産性、技術、製品の質で他国より劣る国でも、ある範囲の製品を世界市場で販売でき、長期的には貿易収支のバランスを取り戻せる。そして、貿易相手国より生産性が明らかに劣っている国でも、貿易によって通常、打撃を受けるのではなく、恩恵を受けることになる。

貿易の均衡をもたらす力については、二世紀以上前にデービッド・ヒュームが行った分析[1]が有名である。貴金属が通貨として使われていたこの時代、なんらかの理由で競争力を失い、輸出より輸入が多くなった国では、金と銀が外国に流出する。しかし、これはマネーサプライの減少を意味するので、その国の物価と賃金が低下する。やがて、貿易赤字国の製品と労働力が安価になり、ふたたび買い手を引きつけるようになって、貿易赤字が解消する。こうヒュームは指摘した。

現在の世界では、この調整過程はもっと複雑であり、ここまで自動的ではなくなっている。各国の通貨が金で裏付けられなくなったため、貿易赤字国は通常、賃金と物価の低下によってではなく、自国通貨の下落によって調整を行う。同時に、国際的な資本移動が、

表6.1　経常収支不均衡の長期的な調整[10]

（1991年の数値は推定）

国	経常収支（GNPに対する比率）		
	1960-88	1987	1991
アメリカ	−0.2	−3.6	−1.7
日　本	1.0	3.6	1.8
ドイツ	1.1	4.1	2.3

貿易不均衡と表裏一体のものになっている。外国から資本を引きつける国は、単純な会計恒等式によって、貿易赤字の国になり、資本輸出国は貿易黒字国になる。とはいえ、長期的に見れば、生産性や技術がどうであれ、主要先進国では輸入と輸出が均衡に向かう強い傾向がある。表6・1は、主要先進国三か国の経常収支（財とサービスの貿易を幅広く定義した場合の収支を示す）を、いくつかの期間について、対GNP比率で見たものである。長期的に見た不均衡はかなり小さい。一九八〇年代半ばには、不均衡が大きくなったが、これはアメリカの財政赤字が過去最高になるなどの特殊要因によるものとする経済学者が多い。九一年はじめになると、不均衡はほぼ半分の水準まで縮小し（対ドルで、円とドイツ・マルクが急騰したことが主因である）、アメリカではとくに、広範囲な産業で輸出が回復した。

　ある国が生産性で他国に後れをとったとしよう。ヒュームがはじめて指摘した均衡をもたらす力によって、それでもその国は、ある範囲の財とサービスを輸出できる。では、なにを輸出するのか。この問いに対する答えは、一八一七年にデービッド・リカードによって指摘されており、[2]ほぼすべての産業で、貿易相手国より生産性が低い国は、生産性の差がもっとも少ない製品を輸出することになる。国際経済学の標準的な用語を使うなら、「絶対優位」にある製品がまったくない国でも、「比較優位」にある製品をかならず見つけ出すことができる。

比較優位の法則がたしかにはたらいていることを示す例としては、戦後すぐのアメリカとイギリスの比較が典型的である[3]。当時、イギリスはアメリカに、生産性で大きな差をつけられていた。製造業の労働生産性は、主要な産業のすべてでアメリカより低く、平均するとアメリカの半分以下であった。しかし、イギリス経済はアメリカ経済よりはるかに貿易に依存していて、アメリカにほぼ匹敵する額を輸出する必要があった。当時の輸出品目を比較すると、比較優位の法則がはたらいていることが明確に理解できる。図6・1は、二二の産業のデータを図にしたものであり、両国の生産性の比率と輸出の比率の間に明確な関連があることがわかる。アメリカは、二二のすべての産業でイギリスより生産性が高いが、二・五倍以上、生産性が高い産業だけが、イギリスより輸出額

図6.1 アメリカとイギリスの生産性と輸出額の関係[13] **(1950〜1951年)**

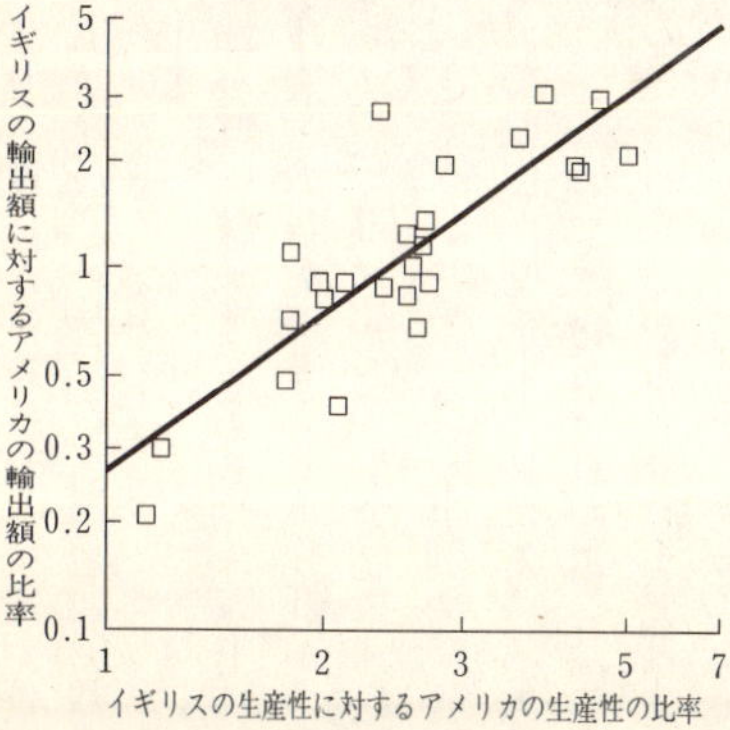

表6.2　生産性が相手国より低い場合にも得られる貿易の利益

	想定した生産性	
国	航空機	毛織物
アメリカ	6	3
イギリス	1	2

が多くなっている。つまり、当時のイギリスはアメリカに対して絶対優位を確保している産業はなかったが、生産性がアメリカの水準の四〇パーセントを超えている産業では、比較優位にあった。

イギリスがアメリカにくらべて生産性が低い産業で、アメリカ以上に輸出できたのは、もちろん、イギリスの賃金水準がアメリカより低かったからである。とくに、一九四九年にポンドが四・八〇ドルから二・八〇ドルに切り下げられて、賃金格差が大きく広がった。この事例や、八五年から八八年のドル安の後にアメリカの輸出が回復した例に対する典型的な反応は、相対的な賃金引き下げによって国際競争に対応すれば、その国の生活水準が低下するというものである。しかし、リカードは一八一七年に比較優位の法則について論じたとき、二国間の貿易について、一方の国が低賃金によって競争しなければならないとしても、通常、両国の生活水準を高めることを示している。

この点を確認するには、リカードが使ったものに似た例を想定するといい。アメリカとイギリスの二国だけが貿易しており、毛織物と航空機だけが輸出入されている世界を想定する。生産要素は労働だけであり、アメリカの方がイギリスより労働生産性が高い。ただし、航空機での方が差が大きいと想定する。表6・2に示すように、生産性の数値を想定してみる。

両国の間に貿易が成立するには、明らかに、アメリカはイギリスにくらべて、賃金が一・五倍以上でなければならず（それ以下であれば、どちらの財もアメリカで生産した方が安くなる）、六倍以下でなければならない。実際の賃金比率は、需要の状況、両国の経済規模の格差などに左右されるが、ここでは三倍であると仮定しよう。賃金比率がこの水準であれば、毛織物はイギリスで生産した方が安く、したがって、イギリスは毛織物を輸出する。航空機はアメリカで生産した方が安いので、アメリカの輸出品になる。価格が労働コストに比例するのであれば、一単位の毛織物（イギリス人労働の〇・五単位で生産される）と一単位の航空機（賃金の高いアメリカ人の労働の六分の一単位で生産される）が交換される。

ここで、考えてみよう。イギリスは賃金がアメリカのわずか三分の一であるために、アメリカと貿易できていることになるが、この貿易はイギリスにとって利益になっているのか、それとも打撃になっているのか……。答えは、「利益になっている」である。貿易がなかった場合、イギリスは労働一単位で、一単位の航空機を製造する。アメリカと貿易すれば、一単位の航空機を入手するには、一単位の毛織物を生産すればよく、これに必要な労働は〇・五単位にすぎない。したがって、アメリカとの貿易によって、イギリスの労働者の購買力は上昇する。(4)

以上は極端に単純化した例だが、決定的な点を理解できる。貿易相手国とくらべて、すべての産業で生産性が劣っている国は、生産性の高さではなく、賃金の低さで競争しなければならない。しかし、それで悲惨な状況に陥るわけではない。それどころか通常、貿易によって利益を得られる。決定的な点は、限られた市場をめぐる企業間の競争とは違って、貿易がゼロ・サム・ゲームではなく、ひとつの国の利益が他の国の損失になるわけではないことだ。貿易はプラス・サム・ゲームであり、したがって、貿易に関して「競争」という言葉を使うのは、誤解を招きかねない危険なことなのである。

以上は決定的な点だが、この例で示されていることと示されていないことを理解しておくのも重要である。この節の冒頭に掲げた例に戻るなら、アメリカの生産性伸び率が一パーセントのときと、海外諸国とおなじ四パーセントのときとで、アメリカ人の生活水準に違いがあるかどうかは、この例では示されていない（違いがあるのは明らかだ）。また、海外諸国で生産性が年に四パーセント上昇し、アメリカの生産性が年一パーセントしか上昇していないときでも、貿易が利益になるかどうかも、示していない。この場合、実際には、貿易はプラスになることもマイナスになることもあり、生産性の伸びの内訳によって左右される。つまり、海外諸国の生産性の向上が、アメリカの輸出品目にかたよっていた場合には、アメリカにとって損害になり、アメリカの輸入品に偏っていた場合には、アメリカにとって利益になる。(5) 以上から、生産性の低さは、貿易を行っていない国より貿易を行っている国にとって大きな問題になるわけではないといえる。一九五〇年には、イギリスは生産性の低さという問題にぶつかっていた（いまでも解消されていない）。しかし、生産性の低さがイギリス人の生活水準にあたえた影響は、イギリスが自給自足の社会ではなく、貿易を行っていたことによって、大きくなったわけではなく、逆に緩和されていた。

以上では、貿易をめぐる政治の現実のなかで重要な意味をもつひとつの要素を除外してきたことにも注意すべきである。それは所得の分配という要素である。貿易のパターンの変化は、国の内部の所得分配に大きな影響をあたえることがあり、したがって、国全体としては利益になる変化であっても、少なくとも短期的に見て、国内に勝者と敗者が生まれる場合がある。たとえば、外国のメーカーが品質の高い製品を安く販売するようになれば、国民のほとんどにとっては利益になるが、輸入品と競合する国内産業にとっては打撃になる。ここから二つの点がいえる。第一に、経済学者は自由貿易の利益について語るとき、調整のコスト（ときにはかなり大きくなる）を無視した気楽な態度をとることが少なくない。第二に、自由貿易に反対する意見のうちかなりの部分は、既得権益の保護を求めるものであり、「競争力」を高める必要があるとの主張も、狭い自己利益の隠れ蓑として使われることが少なくない。

競争力の現実

以上の議論は、競争力が強いていうなら、問題ではないことを示しているように思える。生産性が低い国でも、比較優位にある品目がかなりあるし、多かれ少なかれ自動的な作用によって、どの国でも比較優位にある産業で競争力をもてるようになる。しかしだからといって、競争力を懸念すべき問題が実際にいくつかあるという考え方をただちに捨て去るのは、早まりすぎである。これまでの議論では、現実とは明らかに食い違う部分がある想定を、暗黙のうちに設けているからである。つまり、各国の比較優位によって貿易のパターンが決まるのであって、その逆ではないという想定である。

貿易のうちかなりの部分は、資源、気象条件、社会に見られる国ごとの違いに起因しており、それも、簡単には変わらない違いに起因している。ブラジルがコーヒーを輸出しているのは、土壌と気象条件のためである。サウジアラビアが石油を輸出しているのは地質のためであり、カナダが小麦を輸出しているのは、労働力のわりに土地が豊富だからであり、といった具合だ。しかし、先進工業国間の工業製品の貿易、とくに高度なハイテク製品の貿易は、説明をつけるのがむずかしい(6)。正のフィードバックによって、産業がみずから比較優位をつくりだすと思える場合も多い。

比較優位をつくりだす過程は、図6・2に示すとおりである。ある国が理由はなんであれ、ひとつの産業で強固な地位を築いたとしよう。この地位によって、経済学の標準的な用語を使うなら「外部経済」が生まれ、その産業の強さがさらに強化されることがある。外部経済には主に、二つの種類がある。そのひとつのいわゆる技術的外部経済は、企業間で起こる知識の溢出によるものである。企業が互いに知識を吸収しあえるのであれば、その国が強みをもつ産業では国の知識基盤が発達し、産業の強みが強化される。もうひとつの金銭的外部経済は、市場の規模によるものである。国内のある産業が強ければ、労働者と供給企業にとって大きな市場になるし、柔軟な労働力のプールと効率的な供給企業の基盤があれば、産業の強みが強化される。

図6.2　比較優位の好循環

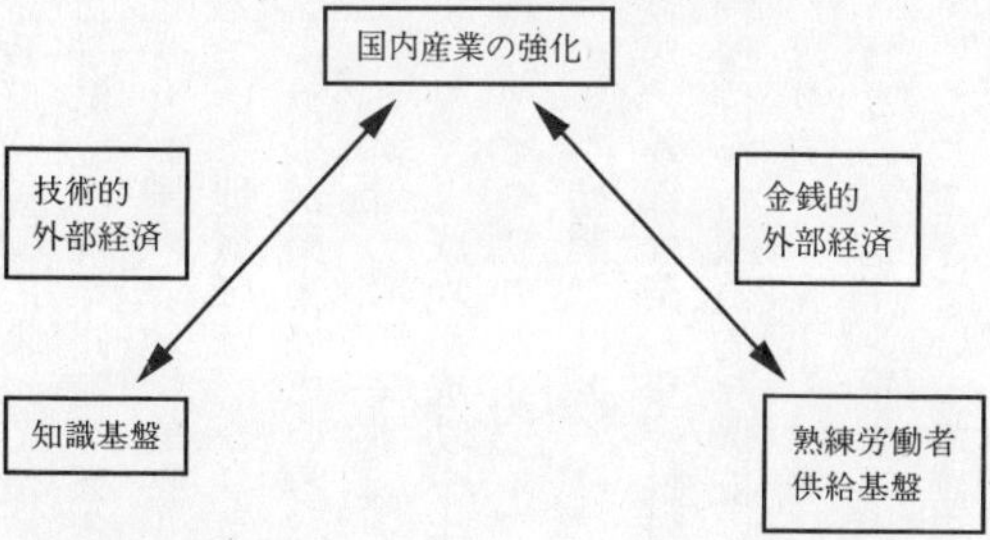

外部経済が強力であれば、国際分業がどのような形になるのかは、かなりの部分まで偶然や計画によって決まることになる。産業の創成期や、技術か市場の変化によってそれまでの優位のパターンが崩れる時期には、歴史の偶然によって、ある国がその産業で優位に立つこともありうる

し、政府の援助によって優位に立つこともありうる。優位を確立できれば、好循環が生まれて、優位が続く傾向がある。

アメリカ国内の地域的特化では、外部経済の重要性は明らかである。ひとつの産業が集積している地域には、シリコン・バレーやルート一二八といった有名なものもあるし、絨毯メーカーが集まっているジョージア州ダルトン、保険会社が多いコネチカット州ハートフォードのように、それほど有名ではないものもあるが、いずれも、資源の違いによるものではなく、成功が成功を生み出す好循環によるものである。国際分業の例では、スイスの時計、イタリアのタイル、ロンドンの金融などがある。

ハイテク産業ではとくに、外部経済が貿易のパターンを決める要因として重要だといえようが、外部経済の重要性はハイテク産業にかぎったものではない。貿易の基礎が通常の比較優位から人為的な優位に移行したかどうかが、議論されている。外部経済という概念はかなり古く、マーシャルにまでさかのぼることができるが[7]、貿易に関する最近の研究では、貿易のパターンを生み出すものとして、歴史、偶然、政府の政策の役割が強調されるようになってきているのが事実である[8]。

比較優位が外部要因によって当初から決まっているものではなく、生み出せるものだという見方によって、国際競争を一般に良好なものとするこの小論の冒頭に記した見方は、ある程度まで限定をつけられる。ある条件のもとでは、長期的に見て比較優位を確保できるはずの産業が衰退したり、地位を確立できなかったりするといえる。ここから、政府が介入する余地が生まれてくる。

このような線に沿った従来からの見方に、発展途上国での幼稚産業保護論があげられる。工業化がはじまったばかりの国は、すでに産業基盤を確立している国と競争することになり、競争相手国は知識、供給企業、専門的技術が重要な産業で、しっかりした外部経済を確立している。したがって、政府が介入しないかぎり、新たに工業化に取り組む国は、外部経済が重要でない産業から抜け出せなくなり、いつまでも低賃金から脱出できなくなる。いくつかの産業を選んで振興をはかれば、理論的にはこの罠から抜け出せる……。これが幼稚産業保護論の骨子である。

この理論の変形として登場してきたのが、産業基盤が確立している国で、新しい産業を対象とするものである。現実を誇張していることを念頭においたうえで、極端な例を考えてみよう。アメリカと日本が貿易しており、新しいハイテク産業があらわれるとかならず、日本が組織的な振興策をとると想定する。振興策には政府の補助金もあるが、国内市場を保護する公式、非公式の政策によって、アメリカ企業が重要な市場にアクセスできないようにするとともに、日本企業が売り上げを確保できるようにする方法もありうる。この場合、他の条件が変わらなければ、日本は新しいハイテク産業で比較優位を確保するケースが多くなろう。これでアメリカが悲惨な状況になるわけではない。比較優位の法則が

表6.3 日本市場がハイテク製品に関して閉ざされていることは、ハイテク製品の国内市場で国内製品のシェアが高い事実に示されている(11)

年	国内製品シェア		
	ドイツ	日本	アメリカ
1970	77	94	95
1980	59	93	89
1985	43	94	84

表6.4 主要な工業国の比較

国	純貯蓄率 (対GDP比率、1980~88年(10))	GDPに対する研究開発費の比率(1987年(11))	製造業の生産性伸び率(12)	
			1970-1980	1980-1988
アメリカ	3.6	1.8	2.3	3.7
日　本	17.8	2.8	6.4	5.5
西ドイツ	9.8	2.6	4.2	2.8

成り立たなくなるわけではなく、アメリカは輸出できる財を見つけ出せる。しかし、アメリカは徐々に、生産性の高さではなく、賃金の低さを武器に競争せざるをえなくなる。

以上のシナリオは現実にかなり似た部分があるため、深刻に受け止める向きが少なくない。日本は産業に補助金を支給する大がかりな制度をもっておらず、少なくとも公式には、輸入製品に対して市場を開放している。しかし現実には、表6・3に示すように、日本のハイテク市場はほぼ、日本企業以外が入り込めないようになっている。これに対して、アメリカでも、ヨーロッパでも、ハイテク市場の国際化が進んでいる。

そうであれば、この点ではたしかに競

争力が問題になる。アメリカが比較優位を確保できるはずの産業のうちのいくつかで、国際競争から排除される可能性があるからだ。この点はたしかに現実の問題だといえるが、行きすぎにならないように、三つの点を強く警告しておくべきだろう。

第一に、いくつかの産業では、政府の補助金や市場アクセスでの差別が国際競争の結果を左右するものになるのはたしかだが、この点がアメリカ経済の低迷を引き起こした主要な原因だとは考えにくい。アメリカ経済では、生産のうち輸出される部分の比率はかなり低い。一九九〇年の対GNP比率を見ると、輸入が一三パーセント、輸出が一二・三パーセントにすぎない。さらに、表6・4に示すように、アメリカの製造業は八〇年以降、生産性伸び率が目ざましい回復を見せており、国際競争にさらされているのは、まさに製造業である。主要先進国のなかで、アメリカの生産性伸び率がまだ低い主因は、国民貯蓄率が低く、研究開発費の比率が低く、初中等教育の質が低いことにある。優位をつくりだせていないことは、せいぜいのところ、一因になっているといえるのみである。

第二に、競争上の優位をどこまでも追求すべきではない。自国の利益をどこまでも追求していけば、すべての国が打撃を受けることになりうるからである。たとえば、イギリスは疑いもなく、ヨーロッパの金融の中心地がロンドンであり、たとえばフランクフルトではないことから大きな利益を受けている。しかし、ヨーロッパの各国がそれぞれ、自国の利益を追求して、フランクフルト、パリ、ミラノ、ロンドンに金融システムが分散するようになれば、ヨーロッパは全体として、間違いなく打撃を受ける。イギリスにとっては、シティが他の都市ではなくロンドンにあることが利益になっているが、シティ（あるいは、シリコン・バレーやルート一二八）がどこかにあって、産業の集積による外部経済の利点が実現できることは、全体にとっての利益なのだ。

第三に、競争力の問題は、国防問題などと同様に、利益集団がみずからの利益を主張する際に、国益を隠れ蓑にするために簡単に使える。前述の幼稚産業保護論は、理論的には完全に納得できるものである。しかし実際には、きわめて非効率な産業を保護し、政治的な影響力のあるエリートが経済的に大きな利益を得る政策を正当化するために使われた発展途上国が多い(9)。アメリカでも、競争力に関する懸念が、理論的にはまともなものであっても、同様に悪用される可能性がある。したがって、競争力の問題は一刀両断に切り捨てるべきものではないが、扱いに注意を要するものでもある。

要約と結論

アメリカの国際競争力に関しては、懸念すべき理由がたしかにあるが、ほとんどの人が考えているものとは理由が違っている。貿易相手国に後れをとった国は、貿易赤字が解消できなくなり、失業者が大幅に増え、おそらくは経済が崩壊するなど、深刻な打撃を受けるという恐れが、一般には広がっている。この恐れには、根拠がない。理論的にも実際にも、生産性が低い国も貿易収支を均衡させることができる。貿易の原動力になっているのは、絶対優位ではなく、比較優位だからである。生産性の上昇と技術の進歩を維持することはきわめて重要だ。しかし、その理由は、生産性と技術力がそれ自体で重要な点にあり、国際競争力の維持のために必要な点にあるわけではない。

競争力の現実の問題は微妙である。比較優位が、その国の資源によってではなく、外部経済の好循環によって生まれる場合が多いことは疑いをいれない。そのような場合、国際競争の結果、ある国で、比較優位を確立できたはずの産業が育たなかったり、比較優位を維持できたはずの産業が没落することがありうる。このような場合には、政府の政策によって優位をつくりだしたり、維持するべきだという議論が、理論的にも十分に成り立つ。

しかし、理論的に十分に成り立つ議論が正しいとはかぎらない。競争力への懸念は、原則として正しいものであっても、悪用され、誤用されることがありうるし、実際に、悪用され、誤用されてきた。競争力という概念は、一般に考えられているより、はるかに微妙だし、問題が多いものでもある。

［参考文献・注］

（1）　D・ヒューム著 *Writings on Economics* (Univ. of Wisconsin Press, Madison,

1955)。

（2）D・リカード著『経済学および課税の原理』。

（3）現在のアメリカと日本の間にも、生産性の差と輸出について、同様の関係がある。しかし、第二次大戦直後のアメリカとイギリスの比較は、とくに見事な例になっている。アメリカの方が生産性では圧倒的に優位に立っていたが、イギリスは輸出額で、アメリカとほぼ肩を並べていたからである。

（4）逆の関係も成り立つ。生産性が高く、賃金も高い国も、貿易によって利益を得る。低賃金国の「搾取工場」でつくられる製品との競争で、先進国が打撃を受けているという主張がよく聞かれる。この主張も、低賃金を武器にする貿易を行うより貿易をやめた方がいいという主張と同様に誤りである。

（5）外国の経済成長が国内の生活水準にあたえる影響については、H・ジョンソン著 *Manch. Sch. Econ. Stud.* 23, 95（1955）を参照。悪影響は交易条件（輸入物価に対する輸出物価の比率）の悪化によって生じる。アメリカの交易条件は、石油と農産品を除くと、わずかながら悪化傾向をたどっている。しかし、悪化幅はきわめて小さく、アメリカ人の生活水準に悪影響をあたえるほどではない。R・ローレンス著 *Brookings Pap. Econ. Activity* 2：1990, 343（1990）を参照。

（6）先進国の間の製品貿易のほとんどは、「産業内貿易」であり、輸出品も輸入品も、生産にあたって労働の資本装備率、非熟練労働者に対する熟練労働者の比率がほぼ似通っていると思える。したがって、先進各国間の資源構成の違い（それほど大きな違いはないが）によって比較優位のパターンを説明するのはむずかしい。H・グルーベル、P・ロイド著 *Intra-Industry Trade* (Wiley, New York, 1975)、E・ヘルプマン著 *J. Jpn. Int. Econ.* 1, 62 (1987) を参照。

（7）A・マーシャル著『経済学原理』。

（8）一九八〇年代にいわゆる「新国際経済学」が貿易のパターンのうち偶然の側面を強調して、学界で広く認められるようになった。現在では、これがきわめて大きな分野になっている。E・ヘルプマン、P・クルーグマン著『現代の貿易政策——国際不完全競争の理論』（大甘道広訳、東洋経済新報社）、P・クルーグマン著 *Rethinking International Trade* (MIT Press, Cambridge, MA, 1990) を参照。もう少し一般向けの著作では、M・ポーター著『国の競争優位』（土岐他訳、ダイヤモンド社）、B・アーサー著 *Sci. Am.* 262, 92 (1990) が、外部経済の決定的な役割を論じている。正のフィードバックに関して、アーサーから有益な例を借用した。

(9）インドは、経済開発の名のもとに悲惨な経済政策が正当化された好例（悪い例）である。インド経済に関しては、エコノミスト誌一九九一年五月三〜九日号を参照。

(10) OECD, *Main Economic Indicators: Historical Statistics* (Paris, 1990)、IMF, *World Economic Outlook* (Washington, D.C., October 1990)。

(11) 全米科学委員会 *Science and Engineering Indicators 1989* (Washington, D.C., 1990)。

(12) 労働統計局 *Handbook of Labor Statistic* (U.S. Government Printing Office, Washington, D.C., 1990)。

(13) B・バラッサ著 *Rev. Econ. Stat.* 45, 231 (1963)。

(米国科学振興協会の許可を得てサイエンス誌一九九一年一一月八日号八一一～八一五ページより転載)

第7章　経済学の往復外交

――ローラ・ダンドレア・タイソン著『誰が誰を叩いているのか』書評――

ローラ・ダンドレア・タイソンがクリントン政権の経済諮問委員会（CEA）委員長に選任されたことで、ハイテク産業の貿易政策について論じた著書、『誰が誰を叩いているのか』が広く注目を集めるようになった。それだけの価値がある本でもある。すばらしい本であり、明快に書かれており、有益な情報が満載されており、それでいて主張は穏やかで好感がもてる。CEA委員長として注目されるようになる以前から、貿易政策に関心のある者にとって必読書になっており、正統的な自由貿易理論に対する高度な批判を代表するものとされてきた。

しかし、最近になってこの本を手にした読者のうち、ここで提起された問題を理解できた人たちがどれほどいたのか、疑問に思わざるをえない。ひとつには、文章はすばらしいが、専門家にとってすら内容がかなりむずかしい。本書の中心はいくつかの事例研究であり、それぞれに、ハイテク産業について読者が望む以上の情報がつまっていて、さまざまな限定をつけたあいまいな結論がついている。後に説明するように、議論が複雑になるのは避けがたいことだが、この本を読み通せた読者は、そう多くないのではないかと思える。

もっと重要な点をあげるなら、この本をしっかり理解するには、議論の背景を理解しておく必要がある。この本だけを読んでも、議論のなかほどだけに加わったようなものになる。その前になにが議論され、後になにが議論されたのかを知っていなければ、理解はむずかしい。

I

タイソンは本書の冒頭で、正統的な自由貿易論を批判している。その際、読者が自由貿易の主張を理解しているものと想定している。しかし実際には、高度な知識を身につけていると自任している人ですら、自由貿易の理論を理解しているケースはまれである。自由貿易を擁護する議論は、イデオロギー的な偏見によるものだと考える傾向があり、経済現実に関する深い理解（議論の余地があるとしても）によるものだとは考えていない。正統的な自由貿易理論が学問的に強い説得力をもつことを認識しなければ、この理論を修正しようというタイソンの主張は理解できない。

貿易に関する経済学者の主張をひとつのスローガンにまとめるなら、「国は企業とは違う」になる。企業は、かぎられた潜在利益のパイをめぐって、競合他社と競争しているといえよう。いくつかの事業分野で少なくとも競合他社に匹敵する力をもっていなければならず、そうでなければ、いずれ、事業を続けられなくなる。これに対して国は、経済競争に負けて存続できなくなることはないし、貿易は通常、競争や競合という側面より、相互の利益になる関係という側面がはるかに強い。

各国が基本的に競争しあう関係にないのはなぜなのかを理解するには、国が二つしかない世界を想定し（以下ではかりに、アメリカとメキシコと呼ぶ）、熟練と非熟練の差のない労働が唯一の生産要素だと想定してみるといい（この想定が、一七〇年前にリカードが想定したものの変形であることに気づいた読者もいるだろう）。さらに、アメリカの労働者がすべての分野で、メキシコの労働者より生産性が高いが、産業によって両国の生産性の比率に差があると想定する。たとえば、アメリカの労働者の生産性は、ハイテク製品の生産ではメキシコの労働者の一〇倍だが、衣料品の生産では一・五倍だとしよう。

この二国が貿易を行うとどうなるだろうか。当然ながら、二国の賃金の比率によって結果が変わってくる。メキシコの賃金が高すぎれば、生産性が高いアメリカの労働者の方が、ほぼすべての製品を低コストで生産できることになる。逆に、メキシコの賃金がきわめて低ければ、ほとんどの製品は、メキシコで生産する方が低コストになる。しかし、両国の賃金の比率は理由なく決まるわけではなく、市場の力によって決まってくる。したがって、極端に高くも極端に低くもないものになり、どちらの国も、かなりの製品を相手国より低コストで生産できる水準になるのが通常である。国際経済学の有益な用語を使うなら、アメリカはすべての製品の生産で絶対優位にあるが、どちらの国も、かなりの製品で比較優位を確保できる。

その結果生まれる貿易のパターンに関しては、両国とも不満があるかもしれない。メキシコ側は、低賃金を武器にすることによってしか競争できないと嘆くようになる。アメリカ側は、低賃金のメキシコの労働者と競争する必要があるために、自分たちの生活水準が低下すると懸念する。しかし、この例では、両国とも貿易によって実質所得が上昇する。どちらの国も、賃金の比率よりも生産性の比率が高い製品だけを輸出するので、輸入する側では、自国の労働者は生産した場合よりも輸入した方が、労働を節約できる。貿易から切り離されている場合より、かぎられた製品の生産に特化し、残りは輸入する方が有利になる。両国の賃金の比率がどうであろうと、そうなる。

この例についてもう少し時間をとって、こう考えてみよう。どちらの国の方が競争力が高いのかと。答えは、質問の意味がわからないというものである。アメリカの方が競争上の優位にある産業もあれば、メキシコの方が優位にある産業もある。しかし、どちらの国にも、全体として国際競争に対応できないといえる問題は見あたらない。このため、経済学者のほとんどは、「競争力」という用語を国全体について使うのは意味をなさないと考えており、タイソンの本の基礎になった「新貿易理論」を唱導している経済学者も例外ではない。

では、正統的な経済学では、自由貿易によって全員が利益を得ると主張されているのだろうか。答えは「ノー」である。すべての国が利益を得るとされているが、各国内部の所得分配に、大きな影響がおよぶ可能性があるとされている。前述の例を少し緩めて、労働者には熟練労働者と非熟練労働者があり、アメリカの方が熟練労働者の比率が高いと想定してみよう。この場合、貿易によって、アメリカ全体で見れば実質所得が上昇するが、非熟練労働者が打撃を受けることがあるだろうか。答えは「ある」だ。正統的な貿易理論の古典になったものに、ポール・サミュエルソンとウォルフガンク・ストルパーが五〇年以上前に発表した論文があり、労働集約型の製品に対する関税を引き下げれば、国内で打撃を受ける者が利益を得る者から補償されないかぎり、実質賃金が低下すると論じられている。

しかし、国内の所得分配に関する懸念は、通常、国の競争力の問題とされているものとは大きく違っている。そして、経済学者は以前から、自由貿易が国益を損ねるとする議論を怪しげなものと考えてきた。利益集団による身勝手な主張にもっともらしい理由をつけただけだと、冷やかに見ているのである。

Ⅱ

過去一五年間、以上の貿易理論に対する高度な批判が、経済学者の間で着実に地歩を固めてきている。この批判は「新貿易理論」と呼ばれ、正統的な貿易理論が積み上げた見方を捨て去るのではなく、自由貿易理論に対していくつかの限定をつけるものになってい る。こうした限定が、タイソンの『誰が誰を叩いているのか』の理論的な基礎になってい る。

新貿易理論によるなら、貿易の基礎になっているものには、それぞれの国に本来備わっている優位よりも、「収益逓増」によるもの、つまり、個別の企業のレベルか、国の産業のレベルでの大規模生産の利益によるものが多い。たとえば、先進国がいずれも、民間航空機の生産について人材面で差がないとしても、すべての先進国が民間航空機を製造するとは予想されない。研究開発と生産の両面で、規模の経済がきわめて大きく、利益を確保できるのは、せいぜい、一社か二社になる。新貿易理論を主張する経済学者は、大きくいえば、各国の資源と性格が貿易のパターンを決めることに同意するが（たとえば、カナダがコーヒーの輸出国になることはないが）、もっと細かく見ていけば、歴史と偶然の結果が好循環によって動かしがたいものになった側面があると主張する。収益逓増の法則によって、大型の民間航空機の生産は、どこかに集中する。シアトルに集中しているのは、ルーレットにも似た偶然の結果にすぎない。

これは、単純明快なことのように思える。これだけのことに、どうして新しい理論が必要になったのだろうか。それは、経済について、それらしいことを語るのは簡単だが、ほんとうに理解するのはむずかしいからだ。経済の動きをしっかり理解するには、明快で隙のないモデルが必要になる。そして、収益逓増の法則がはたらく市場は、小麦や石炭のように収益逓減の法則がはたらく市場にくらべて、モデルの構築がどうしてもむずかしくなる。新しい貿易理論を構築するには、産業組織という要素を大幅に取り入れなければならず、産業組織論の分野は、大企業間の戦略的な関係を説明しようとするもので、きわめて複雑になることが多い。経済学者が産業組織論と貿易理論を組み合わせて、説得力のあるモデルを構築できるようになったのは、ようやく一九八〇年ごろになってからである。

しかし、この組み合わせができるようになると、新貿易理論は短期間のうちに学界に認められるようになった。新貿易理論はいまでは、経済分析の主流の一角を占めるようになっており、アメリカ経済学会の論文分類一覧表で、「収益逓増と不完全競争に基づく貿易モデル」が、「正統的貿易モデル」とおなじレベルに並ぶまでになった。新貿易理論は、主流の一角を占めるまでになったことになる。

しかし、学界で認められるようになったのは、新貿易理論のうち、現状分析の部分、つまり、貿易のパターンを説明する部分である。この分析から導き出される経済政策は、はるかに異論が多い。そして、タイソンが扱ったのは、この政策の分野である。

新貿易理論によって、政府の政策で事実上、比較優位を生み出せる可能性があるといえるようになったのはたしかだ。一九五〇年代と六〇年代、国防総省の軍用機発注が、航空機生産でアメリカが優位を確保するうえで大きな役割を果たしており、この優位がいまは、好循環によってさらに強化されている(少なくとも、ヨーロッパが補助金を支給したエアバスでこの優位に挑戦しなければ、そうなるはずだ)。理論的には、政府は賢明な政策によって、比較優位のパターンを変えることができるし、さらには、他国を犠牲にして自国の実質所得を引き上げることもできる。このような略奪的政策の理論的根拠をはじめて示したのは、カナダの経済学者、ジェームズ・ブランダーとバーバラ・スペンサーが八〇年代はじめに発表した論文であり、それ以降、この理論は「戦略的通商政策」の名前で有名になった。

戦略的通商政策は、理論的な深みまでは理解されなかったとしても、論法としては、貿易問題に関心をもつ政治家や政策を売り歩く人たちの間で人気が高まった。しかし、一般論としていうなら、貿易理論を専門とする経済学者のほとんどは、戦略的通商政策が理論として成り立つことに同意する一方、政策としての重要性や効果についてはきわめて懐疑的である。わたしは以前に、この点に関する態度の分類を試みたが、新貿易理論の理論家を含め、経済学者のほとんどは「慎重な非行動派」であり、戦略的通商政策について研究はするが、少なくとも現時点では、それを実行に移そうとはしていなかった。しかし、タイソンはわたしの分類を引用して、自分は「慎重な行動派」に属すると語っており、アメリカが限定された範囲で、戦略的通商政策を策定し、他国が実行していると見られる戦略的政策への対抗手段をとることに賛成している。

　では、どちらの派も慎重であるのはなぜなのか。この問いへの答えとしては、なによりも、効果のある戦略的通商政策を策定するのがきわめてむずかしく、過去の政策を評価することすらむずかしい点があげられる。このむずかしさこそ、『誰が誰を叩いているのか』がここまで難解になっている主因である。

　問題は、完全市場であれば、どれも似ているが、不完全市場の不完全さをもたらしているのが、それぞれの市場に特有の要因である点にある。航空機、半導体、電気通信など、性格が大きく違う産業について、どれにも通用する万能の政策は立てられない。政府の介入を提案する際には、政府が政策を変更したとき、企業がそれに対応してどのように戦略を変えるのか、戦略の変更が利益、賃金、研究開発などにどのような影響をあたえるのかを詳細にわたって予想し、これらすべての変化が経済全体にどのように波及していくのかを予想しなければならない。ここまで予想できると思えるようになるには、その産業の技術、歴史、政策について詳しい知識が大量に必要であり、また、いくら調査を進めても、数値で判断を示そうとする段階になると、じつのところ、途方に暮れることになりかねない。

このような困難から、『誰が誰を叩いているのか』の二つの特徴が生まれている。第一に、細部にわたる分析がきわめて多く、第二に、おのおのの事例の結論部分が、おどろくほどあいまいになっている。戦略的通商政策が成功したと主張する部分で、とりわけ守りが固くなる。たとえば、この本の中心ともいえる航空機産業の事例研究では、つぎのように慎重に断言を避けている。「もっと正式な経済モデルによる研究がないため、これらの補助金が全体的な厚生にあたえた影響がプラスであると結論付けることはできない。しかし、マイナスになっていると推定することもできない」（一九五ページ）。別の事例研究では、日米半導体協定についても結論を避けている。「日米半導体協定はまったくの失敗だったというのが常識になっている。しかし、以上で示した事実から、もっと微妙な結論の方が実態に近いのではないかとみられる」（二三二ページ）。

この慎重な姿勢は正しいと思う。航空機などの産業に対する政策の影響を数量化しようと試みた者なら、白黒の決着をつけるような問いに答えようとしたとき、その産業を十分に理解しているという自信が急速に消えていくことを知っているはずだ。しかし、戦略的通商政策の効果を数量的にとらえようとした研究の事実上すべてで浮かび上がってくる重要なポイントがあり、この点を指摘してほしかった。戦略的通商政策は、効果をあげるケースもあるが、経済全体という観点に立つなら、その影響はほぼ確実にきわめて小さなものになるのだ。

簡単な数値をあげて説明しよう。ヨーロッパの観点から見て、エアバスへの補助が成功だったとする見方を支えるために、タイソンが引用している研究はいずれも、航空機産業の労働者が、他の産業のほぼ同等と思える労働者より、高い賃金を得ている事実に依拠している。航空機産業の方が高賃金になっている事実がなければ、エアバスは支援している政府にとって、コストに見合わないものになる。実際に、ハイテク産業の労働者は、他の産業にくらべて、年間の賃金が約四〇〇〇ドル高い。この四〇〇〇ドルがすべて、ほんとうのプレミアムであって、労働者の間にある隠れた質の違いに対する報酬ではないと信じるなら、ハイテク産業の雇用が増えれば、一人当たり四〇〇〇ドルだけ、GNPが増えることになる。

アメリカでは、ハイテク産業の雇用者は約三〇〇〇万人である。タイソンが提案しているものとは比較にならないほど大がかりな戦略的通商政策で、他の産業からハイテク産業に一〇〇〇万人が移ったと想定しよう。これによって、GNPが四〇億ドル増える計算になる。大きな効果だと思えるかもしれないが、アメリカのGNPは六兆ドルであり、その一パーセントの一五分の一にすぎない。実際には、戦略的通商政策が採用されても、その効果はもっと小規模になり、ここまでの成功を収められないのは確実である。もちろん、研究開発費の増額によるものなど、間接的な利益があるとの主張もありうるが、戦略的通商政策をどこまでうまく策定しても、GNPを年に一〇億ドルか二〇億ドル以上増やせるとする主張に説得力をもたせるのはむずかしい。このため、戦略的通商政策は、連邦所有地で事業を進めている牧場主や鉱業会社に対する料金政策と、重要性が変わらないものになる。

ある政策が国にとって生きるか死ぬかの問題ではないからといって、それを無視すべきだとはいえない。エベレット・ダークセンが語ったように、一〇億ドルの政策でも積み重ねていけば、大きな影響をあたえるものになる。したがって、将来性のある技術の開発を支援し、独自の戦略的政策を追求していると見られる外国ときびしく交渉するために、全力を尽くそうではないか。しかし、現実はしっかりと見つめて、世界の覇権をめぐる生死をかけた戦いの最中にあるかのような幻想はもたないようにしようではないか。

しかし、生死をかけた戦いが続いているとの見方は、広範囲に広がっている。『誰が誰を叩いているのか』のような著作で、大きなリスクになるのは、こうした誤解を強めかねないことだ。

Ⅲ

ロス・ペローは、大統領選挙の討論会で、メキシコとの自由貿易協定が結ばれた後、「巨人がスープをするような音」を立てて職が南に移動していくと述べて、通商政策に関する議論を、これまでになかったほど低水準なものにした。しかし、現在、アメリカの通商政策についての議論でとくに懸念されるのは、高度な知識と前向きの思考を誇りとする人たちの多くが、世界経済のなかのアメリカの役割について、ペローと変わらないほど低水準の見方をしていることである。

ここ一〇年ほど、貿易に関して深い誤解に基づいたイデオロギーが、経済問題全般に関する議論のなかで、大きな地位を占めるようになった。このイデオロギーには広く通用する名前がついていないので、ここで「国際競争主義」と名づけることにしよう。

国際競争主義の神髄を示す発言を行ったのは、だれあろう、クリントン大統領である。シリコン・バレーでの講演で、大統領は、「アメリカはいま、世界経済のなかでの大企業と同様の立場にある」と語った。つまり、国際競争主義の理論家は、アメリカの経済問題を、競合する海外諸国との競争によるものととらえ、経済問題の主因が国際競争力の欠如にあると見ている。これは、新旧の貿易理論を唱導する経済学者がいずれも、まったく意味をなさないとしている考え方である。

このような状況を考えるなら、タイソンがなにを語っていないのかに注目することが重要になる。タイソンは、国際競争によってアメリカの産業基盤が大きく浸食されているとは語っていない。賃金の高い製造業の職が失われていることが、アメリカの生活水準低迷の主因になっているとも語っていない。海外の低賃金労働者との競争が、アメリカの労働者の多くで実質賃金が低下する主因になっているとも語っていない。世界経済のなかで競争力を高めるには、生産性でのリードを回復しなければならないとも語っていない。

これらの点を語っていないことは重要である。影響力のある人たちの多くがこれらの点を信じており、タイソンもおなじ見方をしているとおそらくは考えているからである。『誰が誰を叩いているのか』には、これらの考え方を支える点はないが、これは当然のことである。タイソンは良識のある経済学者であり、これらの考え方がまったくの誤りであることを知っているからである。

たとえば、空洞化について考えてみよう。アメリカ経済に占める製造業の役割が小さくなっているのはたしかであり、雇用に占める比率は、一九六八年の二七パーセントから、九一年には一七パーセントまで低下している。九二年一二月の経済サミットで、クリントン次期大統領は、側近の国際競争主義者に影響を受けて(あるいは、本人が国際競争主義者なのだと考えるべきかもしれない)、アメリカの製造業の競争力が高まり、失われた職を取り戻すことを望んでいると、繰り返し発言した。しかし実際には、製造業の地盤沈下は、国際競争力とほとんど無関係である。貿易赤字がなくなり、貿易収支がほぼ均衡していた三〇年前の状態に戻ったとしても、雇用に占める製造業の比率は一七・五パーセントに上昇するにすぎない。

国際競争主義者が政界でもマスコミでも強い影響力をもっているので、政府の政策をよくするために発言したいと望む経済学者はジレンマに陥る。リベラル派の経済学者はとくにそうだ。浅薄な俗論が高度な見方とされていることに対して、専門家の立場から怒りをぶちまけるべきなのだろうか。一九八三年、ロバート・ライシュやレスター・サローらの国際競争主義者が提唱した産業政策が当時、「アタリ民主党員」と呼ばれた人たちの間でもてはやされていたとき、優秀な若手経済学者でリベラル派のローレンス・サマーズは、あまりの馬鹿馬鹿しさに我慢ができなくなり、こうした提案は「サルノコシカケの経済版」、「カイロプラクティック経済学」だと語った。そのころのサマーズは誠実だったわけだ。しかし、このように嘲笑しても、あまりに馬鹿げているとサマーズが考えた政策の人気は落ちなかった。そして、クリントン政権では経済諮問委員会委員長になると広く予想されていたサマーズは、このポストを提示されなかった。

ローラ・タイソンはまったく違った道を歩んだ。一九八〇年代はじめ以降、新貿易理論と国際競争主義の間をとりもつ特使の役割を果たしてきた。多数の論文や著作を発表し、それらの集大成として『誰が誰を叩いているのか』を執筆して、事実上、二つの世界の間を往復してきた。比較的穏健な国際競争力主義のシンク・タンク、バークレー国際経済学円卓会議に長期にわたって関係してきたため、国際競争主義者の少なくとも一部に対して、経済学の成果を闇雲に拒否するのではなく、高度な理論を取り入れて介入政策の裏付けとするよう説得する場を確保できた。同時に、経済学の主流に位置する立場を維持し、この立場から経済学者に対して、国際競争主義者を馬鹿にするのではなく、意見を聞いて教育するよう説得しようと努めてきた。

『誰が誰を叩いているのか』はこのため、学術的な著作であると同時に、外交的な文書だとも読めるものになっている。たしかに、国際経済学の主流に位置する堅実な研究書である。介入主義を主張してはいるが、その内容は、経済学の教授が仲間うちで議論する際に許容される範囲に十分にとどまっている。しかし、文体とスタイルは国際競争主義者に訴えるものになっている。この本で、タイソンは二つの陣営をひとつにまとめられると期待していたのではないかとも思える。

タイソンの幸運を祈るが、成功するかどうかは疑問である。このような努力は、『誰が誰を叩いているのか』がはじめてではない。タイソンは少なくとも一〇年前から、経済学の往復外交を進めているのだ。しかし、国際競争主義を代表する論客の著作から判断するなら、タイソンは自分が高く評価している新貿易理論に関心を向けるよう説得する努力で、成果をあげているとは思えない。ロバート・ライシュは一九九一年のベストセラー、『ザ・ワーク・オブ・ネーションズ』を書いた。レスター・サローは九二年の大ベストセラー、『大接戦』を書いた。どちらも、収益逓増には触れていない。比較優位にすら触れていないのだ。

そこで、『誰が誰を叩いているのか』が最終的にどのような影響をおよぼすのかが心配になる。高度な通商戦略の策定に向けた一助になるのか。それとも、俗受けする戦闘的な政策にもっともらしい理屈を提供するだけになるのか。貿易に関して常識を超える知識をもっているどころか、貿易理論のいろはすら知らない人たちが策定する政策に利用されるだけになるのか……。

第8章　大学生が貿易について学ばなければならない常識

大学で経済学入門の単位をとる学生のうち、経済学部の大学院に進む学生はきわめて少ないし、経済についてもう一歩深く学ぼうとする学生すら少ない。したがって、学生の大部分が学ぶことは、入門コースの内容だけである。経済学入門では、貿易の基本的な理論を学ぶことが、以前にもまして重要になっている。

貿易理論の学習が重要だという主張は、アメリカ経済で貿易の重要性が以前よりも高まってきた事実を指摘することでも裏付けられる。しかし、別の理由もあり、こちらの方が重大なことだとわたしは見ている。貿易が決定的な問題だという見方が、国民の間で強まっているのだ。アメリカ人が国際競争を強く懸念するようになり、レスター・サローの『大接戦』がノンフィクション部門のベストセラーになり、フィクション部門ではマイケル・クライトンの『ライジング・サン』が第一位になる時代になっている。マスコミやビジネス書では、世界経済のなかのアメリカの地位が盛んに論じられている。

問題は、学生が国際経済について読んだり聞いたりすることのほとんどが、まったくでたらめである点だ。以下では、学生に教えるべきことのなかでもっとも重要な点が、でたらめを見分ける方法であると主張したい。経済学を教える者にとって第一の任務は、貿易に関する識者の意見とされているもののなかに蔓延している誤解を信じ込まないよう、学生を教育することである。

1　俗流国際経済論の主張

議論の出発点として、国際経済に関する典型的な主張を引用してみよう（数字は無視して読みつづけてほしい）。こういう主張である。「経済の新しいパラダイムが必要になっている。アメリカがいまでは、ほんとうの意味でのグローバル経済の一部になったからだ。[1]アメリカは生活水準を維持するために、きびしさを増している世界市場での競争の方法を学ばなければならない。[2]生産性を向上させ、製品の品質を高めることが不可欠になっているのは、このためだ。[3]高付加価値産業を主体とするものに、アメリカ経済を変えていかなければならない。[4]将来、職を生み出すのは、高付加価値産業である。[5]新しいグローバル経済で競争力を保つ唯一の方法は、政府と産業が新たな提携関係を結ぶことである[6]」。

正直に言うが、これは引用ではない。貿易に関する一般的な誤解の要約として、わたしがつくりあげたものだ。しかし、何度も読んだり聞いたりした主張に似ているはずである。たとえば、内容、スタイルともに、いまだに影響力をもっているアイラ・マガジナーとロバート・ライシュの著作（一九八二年）や、一九九二年一二月にクリントン次期大統領が開催した経済サミットでのアップル・コンピューターのジョン・スカリー会長の発言にきわめて近い。このような主張をしている人たちは、自分が優秀で、高度な知識をもち、進歩的だと考えている。わたしが「俗流国際経済論」と名づけた決まり文句を繰り返しているだけであることには、気づいていない。

俗流国際経済論が人気を集めている理由は、簡単に理解できる。要するに、アメリカを大企業のように描いており、かつてはかなりの独占力をもっていたため、経営がずさんであっても十分な利益をあげることができたが、いまでは新たな競争相手に追い詰められるようになったとしている。いまでは、こういう立場に立たされている企業が多く（新たな競争相手は外国企業とはかぎらないが）、このイメージは現実味があるように思える。

しかしこれは、大きな誤解を招きかねないイメージである。一国の経済は、企業とは似ても似つかぬものだからである。そして、国際経済が全般に均衡に向かう性質をもっていることについて、企業経営者は基本的な常識をまったくといっていいほどもっていない。

それでは、学生が貿易について学ばなければならないことは、なんなのだろうか。俗流国際経済論が間違いであることを学ぶ必要があり、間違いである理由を学ぶ必要がある。

2　一般的な誤解

前述の典型的な主張には数字が入っているが、この六つの点が現在一般的に見られる誤解であり、経済学入門では、この六つの誤りを教えるべきだし、教えることができる。

①「経済の新しいパラダイムが必要になっている……」

俗流国際経済論では、アメリカ経済が世界に向かって開かれるようになったいま、すべてが変わったと主張されている。おそらく、経済学入門で国際経済について教えるべきもっとも重要な点は、基本は変わらないという点だといえよう。貿易も経済活動のひとつであり、他の経済活動とおなじ法則にしたがっている。

ジェームズ・イングラムの貿易に関する教科書（一九八三年）には、すばらしい寓話が収められている。ある起業家が秘密の技術を使って、アメリカの小麦や木材などを安くて質の高い消費財に替える事業をはじめた。起業家は産業界の英雄として称賛される。国内の競争相手の一部はこれで打撃を受けたが、自由市場経済では一時的な混乱は当然のことだとして、だれも問題にしない。しかし、ある記者が調査を進めた結果、起業家が実際には小麦や木材をアジアに売って、その代金で製品を買っているだけであることがわかった。起業家は詐欺師とされ、アメリカの雇用を奪ったと非難された……。ここで重要な点はもちろん、貿易も他のものと変わらない経済活動であり、輸出品を輸入品に替える製造過程の一種だと考えうることである。

これに関連して、アメリカ経済が世界経済の一部になったといっても、実際にはその比率がきわめてかぎられている点について、俗流国際経済論者よりもしっかりと数量的に理解できるようにしておくことも有益である。実際には、輸出、輸入ともにアメリカの国民総生産の八分の一ほどにすぎず、アメリカが生産する付加価値のうち少なくとも三分の一は、貿易の対象にならない財とサービスである。また、過去にまったく例のない状況になっているという馬鹿げた主張に反論できるように、歴史感覚をもつべきである。イギリスは、ビクトリア女王の時代（一八三七〜一九〇一年）から、はるかに貿易について開放的であり、アメリカがそこまで開放的になることはないだろう。

② 「世界市場での競争」

実業界でとくに一般的で根強い誤解に、おなじ業界の企業が競争しているのと同様に、国が互いに競争しているという見方がある。一八一七年にすでに、リカードがこの誤解を解いている。経済学入門では、貿易とは競争ではなく、相互に利益をもたらす交換であることを学生に納得させるべきである。もっと基本的な点として、輸出ではなく、輸入が貿易の目的であることを教えるべきである。国が貿易によって得るのは、求めるものを輸入する能力である。輸出はそれ自体が目的ではない。輸出の必要は国にとって負担である。輸入しようとすると売り手に抜け目なく代金を要求されるので、輸出しないわけにはいかない。

俗流国際経済論が幅をきかせているために、なんともやりきれないことだが、まるでグレシャムの法則のように、悪い概念が良い概念を駆逐している。レスター・サローは経済学を学んでおり、比較優位を理解している。しかし、最近の著書がベストセラーになったのは、そうとは意図しないまま（であることを望みたいが）、俗流国際経済論にこびる考え方を積極的に提起していることが主因である。「分野別の競争なら、全員が勝者になれる。それぞれが優位に立てる分野をさがしだせる。だれも市場から追い出されることはない。しかし正面対決は、勝つか負けるかの戦いである」（サロー、一九九二年、三〇ページ）。このような主張をはねつけるように、学生を教育すべきだ。

③「**生産性**」

生産性の高さが重要なのは、それによって他国との競争に勝てるようになるからではなく、国内の生産を増やし、消費を増やせるようになるからであることを学生は学ぶべきだ。閉鎖された経済ではまさにそうだし、開放された経済でも、これが真実であることに変わりはない。しかし、俗流国際経済論者はそう考えていない。

わたしの経験からいえば、学生にこう考えるよう求めるのが効果的である。第一に、すべての国で生産性が年に一パーセント伸びる世界を想定する。このとき、アメリカの生活水準はどのようなトレンドを描くだろうか。学生は苦もなく、年に一パーセントずつ向上していくことを理解する。つぎに、アメリカの生産性伸び率は一パーセントだが、海外諸国では三パーセントになっている世界を想定する。この場合、アメリカの生活水準はどのようなトレンドを描くのか。

正しい答えは、やはり年に一パーセントずつ向上していくが、交易条件を通じて微妙な影響を受けるというものである。そして、事実を見ていくと、アメリカでは、交易条件の変化は、過去数十年間、生活水準にほとんど影響をあたえていない。しかし、この結論まででたどりつける学生はきわめて少ない。教室外で読むもの、聞くもののほとんどすべてで、貿易が勝敗を競うスポーツであるかのように教えられているのだから、これは意外とはいえない。

小さなエピソードをひとつ。昨年、わたしはニューヨーク・タイムズ紙の論評欄に寄稿したとき、生産性を高めることの重要性を強調した。担当したデスクは、生産性の向上が「世界経済で競争するために」必要であることを「説明」すべきだと主張した。生産性を高めることの重要性を読者が理解するには、この「説明」が必要であり、これを加えなければ掲載に積極的になれないと語った。つまり、三〇の年齢差がある広範囲な生徒を、こうした「説明」を必要としないだけでなく、それが間違っていることが理解できるように、教育しなければならない。

④「高付加価値産業」

俗流国際経済論者は国際競争を、どの国が「高付加価値の」産業を支配するかをめぐるものととらえている。「アメリカ国民の生活水準が向上するのは、(一)資本と労働力が労働者一人当たりの付加価値の高い産業に流入していき、(二)これらの産業でアメリカが競争相手をしのぐ位置を維持できたときだけである」(マガジナー、ライシュ、一九八二年、四ページ)。

これが馬鹿げた見方であることを学生に教えるのは可能だとわたしは考えている。たとえば、リカードが提起したものに似た二財モデルで、ひとつの国がどちらの産業でももうひとつの国より生産性が高いと想定してみればいい(クルーグマン、オーブズフェルド、一九九一年、二〇〜二一ページで使ったモデルをここで想定している)。生産性の高い国は当然、賃金が高くなり、その国が特化する産業は、どんな産業であれ、「高付加価値」産業になる。つまり、労働者一人当たりの付加価値が高い産業になる。ここから、ある国の生活水準が高いのは正しい産業を選んだ結果であるといえるだろうか。また、貧しい国はもうひとつの国の特化のパターンを真似ていけば、豊かになれるといえるだろうか。もちろん、そうはいえない。

⑤「**雇用**」

自由貿易の敵も味方も同意していると思える点のひとつに、問題の中心が雇用にあることがあげられる。ブッシュ大統領は悪運にみまわれた日本訪問に出発するにあたって、目的は「雇用、雇用、雇用」だと語った。北米自由貿易協定に関しては、賛成派も反対派も、雇用の創出という観点から主張を裏付けようとした。そして、自由貿易論者には、保護主義を悪だと考える理由として、恐慌を招くことをあげる人がおどろくほど多い。

雇用の水準は、マクロ経済要因によって決まると学生に強調することは可能なはずである。雇用の水準は短期的には総需要によって決まり、長期的には自然失業率によって決まるのであり、関税などのミクロ経済政策の影響はネットで見て、ないに等しい。貿易政策の是非は、効率性に対する影響という観点から議論すべきであり、創出されるか失われる雇用についての根拠のない数値をめぐって議論すべきではない。

⑥「**新たな提携関係**」

俗流国際経済論者の多くは、結論として、アメリカ企業が国内の企業との間でではなく、外国企業と競争しているので、アメリカ政府は企業を敵視するのでなく、外国の競争相手との戦いを支援すべきだと主張している。俗流国際経済論者のなかでも、ライシュ（一九九一年）のように高度なものは、アメリカ企業の利益とアメリカの労働者の利益がかならずしもおなじではないことに気づいている（これほど初歩的な点を指摘する必要があるとは信じがたいかもしれないが、俗流国際経済論者の間では、これが深い洞察だとされ、賛否両論が出されている）が、アメリカ政府が外国企業と競争する自国企業を支援すべきだとする基本的な前提を受け入れている。

学生に教えるべき点は、競争が主に国内の産業の間のものであり、どの産業が資本、技術、そして労働といった希少な資源を獲得するかをめぐるものになっていることである。政府がある産業を支援すれば、その産業が外国の産業との競争を有利に進められるようになるとしても、国内の他の産業から、資源を奪う結果にもなる。貿易の重要性が増してきたとはいっても、政府がひとつの産業を優遇すれば、他の産業が犠牲になる事実は変わらない。

たしかに、外部経済など、ある産業を別の産業より優遇する政策を裏付ける根拠はある。しかしこれは、閉鎖された経済でもいえることである。貿易の重要性が高まっているからといって、政府が国内産業を積極的に育成する理由が増えたわけではないことを、学生に教えるべきである。

3 学生に教えるべきこと

以上でわたしの主張は明らかなはずだ。経済学を学ぶ学生の大部分では、経済問題に関する議論に知的に対応できるように教育することが目的になる。議論では国際経済に関するものが多いので、貿易理論がカリキュラムで重要な位置を占めるべきである。

しかし、一般の議論の水準がきわめて低い点を理解しておくことが重要である。馬鹿げた俗説を繰り返しているだけで、自分が高度な理論を操っているように誤解する人が少なくないほどなのだ。したがって、講義では初歩の初歩をできるかぎり鮮明に理解させるべきである。さまざまな曲線やリプチンスキー効果を教えるべきだ。しかし、ほとんどの学生にとって準備が必要なのは、テレビに出演する「専門家」、ベストセラーの著者、一日三万ドルをかせぐコンサルタントが、予算制約式を理解しておらず、ましては比較優位を理解していない世界なのである。

過去一五年間、国際経済学は大きな革新が進む黄金時代をむかえた。しかし、残念なことではあるが、最新の理論は、学生への教育にあたって優先的な項目にはならないと結論づけるしかない。二〇世紀の最後の一〇年間に、学生になによりもまず教えるべき点は、ヒュームとリカードの理論なのだ。つまり、貿易赤字は自動的に調整されること、貿易から利益を得るためには相手国に対して絶対優位を保つ必要はないことである。だれかが「競争力」について話しはじめたとき、学生が辟易するようになれば、経済学を教える立場にあるわれわれは、アメリカに大きな貢献をしたことになる。

［参考文献］

マイクル・クライトン著『ライジング・サン』（酒井昭伸訳、早川書房、原著 1992）。

ジェームズ・イングラム著 *International Economics*, New York: Wiley, 1983。

ポール・クルーグマン、モーリス・オーブズフェルド著『国際貿易――理論と政策（1）国際貿易』（石井菜穂子他訳、新世社、原著 1991）。

アイラ・マガジナー、ロバート・ライシュ著 *Minding America's Business*, New York: Random House, 1982。

ロバート・ライシュ著『ザ・ワーク・オブ・ネーションズ』（中谷巌訳、ダイヤモンド社、原著 1991）。

レスター・サロー著『大接戦――日米欧どこが勝つか』（土屋尚彦訳、講談社、原著 1992）。


（アメリカン・エコノミック・レビュー誌から許可を得て同誌一九九三年五月号二三

～二六ページから転載）

Ⅲ　新興経済圏

第9章　常識への挑戦

はじめに、会議の主催者と後援者に対し、講演の機会をいただいたことを感謝します。本題に入る前に、日本流にまずお詫びしておきます。世界経済全般とメキシコ経済の見通しについて話すようにとのことでしたので、これから一時間ほどでこうした広い範囲をできるだけカバーしたいと思います。ただ、わたしはメキシコ経済の専門家ではないので、世界全体の大きなパターンを見ていくなかで、メキシコのケースがどの程度それに当てはまるか、話したいと思います。それではメキシコについて具体的な話は聞けないのかと思われるかもしれませんが、ご了承ください。説明不足の点については、講演の後、質疑応答の際に補足できるでしょう。

前置きはこのくらいにして、世界経済全般の見通しについて、北米、メキシコの見通しも交えながら見ていくことにしましょう。と言いたいところですが、その前に、少し頭の中を整理しておかなくてはなりません。

常識を疑ってみる

いまは亡き経済学者、カルロス・ディアス－アレハンドロの名前を知っている方も多いと思います。ディアス教授は優れた経済学者であると同時に、経済学者にしては珍しく知恵がありました。世界経済について的確な判断をしたければ、教授が大切なことを教えています。それは、ほんものの経済知識とその時代の常識とは違うということです。

つまり、たいていの時期には対外経済政策を考えている有力者の間で常識になっている見方があり、こうした常識は経済学の研究によって明らかにされる知識とはかけ離れていることを、教授は見抜いていたのです。ときには、有力者にとっての常識が、客観的な研究の結果とは明らかに矛盾する場合もあります。たとえば、先進国の閣僚や識者の共通認識として、現在の世界的な景気低迷から抜け出すうえで、G7（先進七か国蔵相・中央銀行総裁会議）を通じた国際的な政策協調がきわめて重要だという見方があります。しかし、実際にマクロ経済政策の協調の効果を、数量的に評価しようとした研究では、政策協調が大きな効果をもたらしたことは示されていません。

客観的な裏付けがないとすれば、経済政策についての常識はなにを根拠にしているのでしょうか。ひとつは、経済分析です（理論的な研究がまったく無視されているというつもりはありません)。最近の経済動向も根拠のひとつです。しかし、ほんとうのところは、有力者が話をする相手はほとんどが仲間うちなので、相手の言うことを鵜呑みにする場合が多いのです。たとえばこの例を取り上げるのはもちろん、意図があるからですが、G7閣僚会議や三極通商閣僚会議、世界経済フォーラムや政治アナリスト会議で、こう発言するのが常識になったとします。「通貨切り下げは有効な経済戦略ではない。一時的に競争力は上がるが、すぐにインフレによって帳消しになる。そして、根本的な問題は解決されないままになる」。こうした発言をするからには、最近の通貨切り下げの失敗例を知っていて、ある程度はそれに基づいているのかもしれません。しかし、自分の言っていることが正しいと自信をもっているのは、たしかな証拠があるからではなく、他の有力者もみな自分とおなじことを言っているからなのです。要するに、常識はある程度、現実の証拠に基づいてはいますが、流行という要素がかなり大きいのです。

ところで、国際経済問題について現在主流の考え方、つまり常識には名前が付いています。国際経済研究所のジョン・ウィリアムソンはこれを「ワシントン流の見方」と呼んでいます(この考え方がアメリカ政府に由来しているからではなく、ワシントンに本部のあるIMF、世界銀行、米州開発銀行などの国際機関に由来しているからです。また、国際経済問題に関係する要人の会合も、ワシントンで開かれる場合が多いからです)。

ワシントン流の見方の中身について、少し話したいと思います。しかし、その前に覚えておきたい点は、国際経済の議論を常識が支配することは、いまに始まったことではない点です。二〇世紀初頭以来、経済政策についての「常識」が少なくとも四つありました。

最初の常識は、自由放任主義の時代のものです。一九二〇年代には、工業国でもいまでいう発展途上国でも、有力者は単純な原則を信じていました。自由市場と通貨価値の維持です。この二つをしっかりと押さえておけば、あとは放っておいても経済はうまくいくと思われていました。

一九四〇年代になると、常識がほぼ逆転しました。ソ連経済が成功していると見られた一方で、三〇年代には資本主義の失敗が明らかになり、同時に経済理論全般でも、政策的な介入を主張する傾向があらわれました。こうして常識が塗り替えられ、積極的な経済開発戦略と通貨管理という新しい原則が、世界銀行などの国際機関や途上国の政治家に受け入れられたのです。経済成長を計画することが政府の役割となり、途上国では多くの場合、輸入代替政策による工業化が目標となりました。そして、輸入代替政策によって国際収支が悪化することが懸念されたため、為替管理によってこれを補う必要がありました。

一九七〇年代には、どの国でも政府の行動全般に対する失望感が広がり、とくに輸入代替政策は失敗だと見られるようになりました。そこで、新しい常識ができあがりました。自由市場に基づくミクロ経済政策（輸入代替政策は廃止されました）とケインジアンのマクロ経済政策です。先進国でいえば、規制緩和と競争市場を基本としつつ、経済を安定させるために積極的な金融・財政政策をとることでした。途上国では一般に、「自由化と通貨切り下げ」が七〇年代の処方箋となりました。自由化とは、非効率だと見られるようになった輸入代替を廃止することであり、通貨切り下げは、自由化を進めても国際収支危機や不況に陥らないようにするためのものでした。

しかし、こうした政策の組み合わせを実施した結果、一九八〇年代の終わりには先進国でも途上国でも、積極的な介入策の部分はうまくいかないことがわかってきました。自由市場の方は、かつてなく順調に機能しているように見えました。途上国のなかから輸出志向の工業化が成功するケースも出てきたし、共産主義が崩壊したからです。しかし、積極的な金融・財政・為替政策はインフレを抑えることができなかったため、信頼を失いました。こうして一九八〇年代の終わりには、新しい常識が浸透していました。なんと、自由市場と通貨価値の維持です。

一九九〇年ごろには、この古くて新しい常識が、有力者の間で主流の考え方となっていました（ここでいう有力者とは各国の蔵相、または蔵相と気楽に話し合える人たちのことです）。しかし、どんな常識もそうであるように、今度の常識も有力者がお互いの思い込みを強め合う循環プロセスに基づいたものであり、たしかな根拠があるわけではないのです。

これで、ようやく本題の経済見通しに入る準備ができました。一九九〇年にはほとんど疑われることもなかった常識が、ここ数年の間におおいに疑問視されるようになっています。この点を頭に入れておかないと、世界経済にせよメキシコ経済にせよ、現状はわからないと思います。

常識の内容

しばらく、時計の針を一九九〇年に戻しましょう。当時、世界はどんな状況だったでしょうか。少なくとも常識に確信をもっていた人たちの目に、世界はどのように映っていたでしょうか。

有力者がいたるところで目にしたものは、資本主義の勝利でした。共産主義の崩壊が新聞の大見出しで伝えられていました。しかし、実務レベルの政策に取り組む有力者にとっては、それ以上に、資本主義国で自由市場と通貨価値の維持というポリシー・ミックスが成功していることが、常識の根拠となっていました。

そこでまず、自由市場政策の根拠と考えられていたものについて、見ていこうと思います。

当時のことを思い出すのはそう簡単ではありませんが、わずか三年前のアメリカ、イギリスでは、レーガン、サッチャーの政策は大成功であったという見方が一般的でした。両国とも一九八〇年代初めの不況から脱して、景気は順調に拡大していました。こうしたなかで、アメリカでは失業率が過去一五年間余りで最低の水準を記録し、それでもインフレ率は上昇していませんでした。全産業で見ると生産性は伸び悩んでいましたが、製造業では生産性、国際競争力とも目に見えて回復していました。イギリスでは、一九八〇年代中ごろには生産性の伸びを回復し、八〇年代終わりには、サッチャー政権のもとで高水準を続けていた失業率もようやく、いくぶん下がりました。

たしかに、有力者のなかにはレーガンやサッチャーは好きになれないという人も大勢いたし、自由主義政策の社会的影響を懸念する人も少なくありませんでした。しかし、全体としてはこの政策がかなりうまくいっていると見られていました。

ここで、ヨーロッパの「一九九二年」効果についても触れておかねばなりません。もっと正確にいうなら、九二年までに欧州域内の残存貿易障壁を撤廃する計画が発表されたことの効果です。ヨーロッパ市場統合計画が八七年に発表されて間もなく、ヨーロッパでは投資が急増し、失業率は七〇年代初頭以来、はじめて下がりました。自由貿易の利点を示す例として、これに勝るものがあるでしょうか。

先進国で自由市場政策がかなりの成果をあげていたように見えたうえ、途上国ではさらに大きな成果をあげているように思えました。一九九〇年になると、欧米の識者も東アジア諸国の成功に気づくようになりました。東アジア諸国では、輸出志向の工業化が無計画というよりは無秩序に進み、それを進めているのも政府ではなく、何年か前には非難の的であった多国籍企業というケースが珍しくありませんでした。その結果、東アジア諸国の多くが急成長をとげていました。これは、シンガポールのように求心力の強い小国にかぎったことではなく、韓国、台湾のような中規模の国についてもいえることです。自由市場の発展により、インドネシアのような大国や中国のような超大国の経済見通しにも、変化が生じていました。

このように一九九〇年には、自由市場政策は先進国でも途上国でもかなりうまくいっているように見えました。それでは、通貨価値維持政策はどうだったでしょうか。

この面で重要な事実をあげるとすれば、欧州通貨制度（EMS）が成功していると思えたことでしょう。一九七九年にEMSが創設されたとき、ほとんど成功の見込みはないというのが大方の見方でした。しかし、一九八二年ころから、加盟国通貨間の為替レートは、EMSのもとできわめて安定した状態を続けていました。フランス、スウェーデンなど通貨を切り下げた国は、すぐにインフレ問題に直面したことから、通貨への信頼を回復するため、基準レートを維持して今後は再調整を行わないと確約してきました。八七年には、イギリス・ポンドを除くすべての欧州通貨が、かつてのブレトンウッズ体制下の固定レートとおなじくらい安定し、EMSはうまく機能しているように見えました。九〇年になると、通貨切り下げはもはや有効な政策手段ではないという発言が、有力者の間で一般的になりました。そして、ヨーロッパは当然、完全な通貨統合に向かって進んでいるように見えました。

通貨価値維持政策についても、自由市場政策の場合とおなじパターンが繰り返されました。つまり、先進国の経験から引き出した教訓が、性格は違っているが関連すると思える途上国の経験によって裏打ちされたのです。途上国の債務危機はインフレの高騰を招きました。以前は、超インフレの研究といえば、一九二〇年代のデータの分析など、経済史の領域だと思われていましたが、八〇年代にはそれが現実の問題となりました。インフレ抑制に取り組むうえで、為替レートの目標圏が重要な役割を果たすようになりました。ブラジルのように、債務返済負担に起因する不況の打開策として通貨を切り下げれば当然、インフレの高騰という代償を払うことになると考えられていました。

すでにお気づきのことと思いますが、常識の根拠として、わたしがこれまでに取り上げた例はかたよっています。常識に対する反証をあげようとすれば、一九八〇年代に起きたことを、すぐにいくつかあげることができます。たとえば、八五年から八七年にかけてのドル安の結果は、通貨切り下げがインフレの高騰を招くという常識にまったく当てはまりません。ドルの下げ幅は平均では約三〇パーセント、マルク、円に対しては五〇パーセント以上でしたが、インフレは昂進せず、輸出が急増しました。

しかし、常識はいつの時代も、現実の証拠よりはるかに強いものです。わずか二年前に

は、国際経済問題に関係する要人の多くは

自由市場 ＋ 通貨価値の維持 ＝ 繁栄

という等式を疑いませんでした。

残念ながら、世の中はそれほど単純ではありません。この二年間に起きていることを見れば、それがよくわかります。

先進国では常識が破綻している

つい最近まで主流であった考え方が、現在では信頼を失っていますが、これはいまのところ、先進国の問題にかぎられたことです。しかし、それが途上国に波及してくるのも時間の問題です。結論をまず言うなら（不愉快な結論になるかもしれませんが）、先進国で常識が破綻している以上、いずれ途上国でもそうなります。しかし、とりあえず先進国の話を続けましょう。

まず、アメリカについて見ていくことにします。先ごろの大統領選挙では、自由市場によってすべての問題が解決できるとは考えないリベラル派のクリントンが、勝利を収めました。これは選挙結果という以上に、はるかに大きな意味をもっています。つまり、過去一二年間アメリカの政治を方向づけてきたイデオロギーそのものを、過半数の国民が全面的に否定したのです。こうした変化がどれほど根本的なものかを示すために、二つの例をあげてみたいと思います。第一に、レーガンが姿を消したことにお気づきでしょうか。といっても、あまり見かけなくなったというだけの話ではありません。重要なのは、まったく話題にのぼらなくなったことです。ほんの数年前には、保守派のヒーローと賞賛され、アメリカ史上とくに人気の高い大統領のひとりでした。ところが、いまでは、国民の大半、つまり、レーガンに投票した有権者の多くも、レーガン時代は思い出すだけで恥ずかしいというのが本音ではないでしょうか。

第二に、アメリカの政治の動きをたどってみれば、保守派が完全に理念を見失っていることがわかると思います。クリントンは大統領就任早々、だれが見てもみずからの政治生命を絶つに等しい政策を打ち出しています。富裕階層のみならず中流階層に対する増税、社会保障給付の削減などです。しかも、これは選挙公約に違反しています。にもかかわらず、保守派はクリントンに反対する勢力を結集できそうにありません。あれほど強固に見えた自由市場のイデオロギーが、いまや立ち枯れの木も同然です。強風で倒れたら、中が空洞だったということになるでしょう。

大統領選でのクリントンの勝利は、一九九〇年から九二年にかけての景気後退と失業の増加によって、有権者が身近な問題に関心を向けただけでなく、それまでの一二年間、生活水準が実質的に向上していない事実に有権者が気づいたことを物語っています。つまり、喧伝されていた自由市場政策の成功が、現実ではなく、宣伝文句にすぎなかったことに気づいた有権者が、保守派にそっぽを向いたというわけです。

もちろん、クリントン大統領がなにに反対しているかについては先ほどお話ししましたが、なにに賛成しているかについては触れていません。しかし、その問題はしばらくおいておきます。ここで重要な点は、現政権の中枢にいる人たちが、「ワシントン流の見方」という常識を、基本的に受け入れていないことです。

ヨーロッパでは事情が異なりますが、常識が現実によってくつがえされた点ではおなじです。ヨーロッパの場合、決定的な出来事はいうまでもなく、欧州通貨制度（ＥＭＳ）の破綻と、マーストリヒト条約の発効の目途が立っていないことです。

ヨーロッパでは、為替レートの切り下げが必要な段階、有効な段階は卒業したと考えられていました。しかし、いまとなっては、それは誤解だったといえるでしょう。一九八二年から九〇年の間、ＥＭＳがうまく機能したのを見て、通貨価値維持政策の妥当性がはっきりと裏付けられたと思い込み、それが特殊な環境のもとでの一時的な成功だったことに気づかなかったのです。

いまになってみると、ＥＭＳのような固定相場制が一時的にヨーロッパでうまく機能したのは、それが好都合だったからだといえます。一九八〇年代のかなりの期間、欧州各国にとってインフレが最大の問題でした。根強いインフレ傾向を断ち切るため、フランス、イタリアはアンカーが必要だと考えるようになり、やがてイギリスもおなじ結論に達しました。その結論が、ドイツ・マルクに自国通貨を連動させることでした。EMSへのコミットメントを明確にしたことで、各国はまもなく金融市場の信認を獲得し、金利が下がりました。また、インフレ率の低下に伴う失業への影響も、EMSがなかった場合とくらべて多少、緩やかだったかもしれません。

問題は、すべての加盟国が金融政策で同一歩調をとらなくてはならず、ドイツにその舵取りを委ねたことです。一九八〇年代には、各国の政策目標が一致していたので、これで問題はなかったのですが、いずれ危機が訪れることは明らかでした。

それがどんな危機だったのか、たぶん言うまでもないでしょう。ドイツでは東西統一に伴い、旧東ドイツの膨大な支援、復興費用をまかなうため、財政が一気に拡大しました。財政拡大によるインフレを防ぐため、ドイツは強力な金融引き締め政策をとりました。問題は、他の欧州諸国が財政政策を緩和していないにもかかわらず、ドイツに歩調を合わせて引き締めをしなければならなかったことです。その結果、ヨーロッパ全体が深刻な不況に陥り、ついにはドイツにも影響が跳ね返っています。

この問題に対する答えは、はっきりしています。マルクを切り上げること、つまり、他ていたからです。しかし、切り下げはインフレを招くだけで効果がないという常識からすれば、これは許されないことでした。そして、有力者は常識に異を唱えているとは見られたくないものです。イギリスのラモント蔵相は昨年の九月一四日の段階でも、状況がどうなろうともポンドの切り下げはありえないと断言していました。言うまでもなく、これはポンドがEMSから離脱する二日前のことです（数日後、蔵相が語ったところによると、ポンドを防衛するつもりはまったくなかったし、急落した翌日も「風呂で鼻歌を歌っていた」とのことです。これは、各国の政府高官の信頼性に問題を投げかけるできごとです）。

まともだと思われたい人が、常識に異を唱えることをいかに嫌うかを示す例として、わたしの体験を話したいと思います。ポンドが急落した数週間後、わたしは講演のためにスウェーデンを訪れました。当時のスウェーデンの状況は、基本的にイギリスと変わりがありませんでした。ドイツの高金利に引きずられて深刻な不況に陥り、自国通貨のクローナは通常の基準から見て明らかに過大評価されていました。イギリス、フィンランドがすでに通貨を切り下げていたため、ますます割高になっていました。実際、ポンド危機をきっかけにクローナは投機売りを浴び、短期金利を五〇〇パーセントに引き上げてようやく通貨を防衛できました。しかし、民間エコノミストも含めスウェーデンの関係者には、不況打開策の一環として、通貨切り下げの可能性を検討しようという人すらいませんでした。

その結果、期せずしてわたしの発言がテレビや新聞に取り上げられることになりました。それも、表面を見ていてはわからない深い分析を行ったからではなく、実績のあるまともな経済学者のなかに、常識とは違う発言をする者がいたからです。政府関係者は耳を貸すはずもなく、わたしはスウェーデンの状況を理解していないと言われました。それから二か月ほどして、クローナがふたたび投機売りを浴びると、スウェーデンは今度こそ通貨が下落するにまかせざるをえなくなったのです。

念のため付け加えれば、今回のメキシコでの発言は、当時のスウェーデンでと似た状況になるとはまったく思っていません。

それはさておき、わたしの申し上げたいことはおわかりいただけたでしょう。数年前には、自由市場と通貨価値の維持という常識は、実証済みの真理だと思う人がほとんどでしたが、実際には、それと矛盾する事実がいくらでもありました。しかし、政府高官は、自分たちの間での常識をくつがえすことや、自分の誤りを認めることを極端に嫌うものです。それでも最近、欧米では先進国の問題に関するかぎり、「ワシントン流の見方」がすっかり色あせています。

それでは、途上国についてはどうでしょうか。途上国の場合は多少、事情が異なります。

途上国の成功にひそむ罠

ここで、話を戻して、この一〇年間の途上国の動きを振り返ってみたいと思います。ひとくちに途上国といっても、一人当たり所得が先進国より低い点を除けば、事情はさまざまです。しかし、この一〇年間の動きについていえば、途上国のすべてとはいわないまでも、多くは三つのグループに分けることができます。

まず、めざましい成功をとげた国々があります。そのほとんどは、輸出志向の工業化により高成長を続けているアジア諸国です。中国はその筆頭ですが、最近は他にも好調な国がたくさん出てきました。

これとは逆に、悲惨な国々があります。その多くは(すべてではありませんが)、アフリカ諸国です。もともと貧しかった国がさらに貧しくなっています。「発展途上国」と呼ぶことすら、悪い冗談ととられかねない状況になっています。

これらの中間には、一九八〇年代のかなりの期間、深刻な苦境にあったものの、最近になって大きく改善している国が数多くあります。チリ、アルゼンチン、そしてメキシコもこのグループに入ります。

これらの国の経済がここ数年、大きく改善している原因はどこにあるのでしょうか。端的にいえば、債務削減と政策改革ですが、これでは十分な答えとはいえません。というのも、改善の経緯が特異で、多少、問題があることを見過ごすことになるからです。

これから申し上げることは、メキシコをはじめとして、改革を行っている途上国の成果をけなしているように聞こえるかもしれませんが、決してそんなつもりはありません。メキシコなどで実施されている改革は、政治面で大きな成果をあげるとともに、経済面でも適切な政策になっています。わたしはこうした改革を軽んじるつもりはありませんが、このところ、改革がうまくいきすぎていることは指摘しておかなくてはなりません。政策改革に対する配当が過大になっていて、いずれその一部を返済しなくてはならなくなるかもしれません。

それにしても、このところの途上国の改革は、目を見張るものがあります。チリの成功は旧聞に属するうえ、経済、貿易の自由化を達成するにあたってチリが使った政治手法については、認めることはできません。しかし、民政移管後も以前のようないきすぎた介入主義が見られない点は、注目されます。アジア諸国を除き、改革を実施している国のなかで、アジア並みの成長率を達成する兆しを示しているのは、チリだけだといってもよいでしょう。

メキシコでは、一九八五年から八九年にかけて、貿易が大幅に自由化されました。許認可が必要な輸入品目は全体の九〇パーセントから二五パーセント以下に削減され、最高関税率は四分の一に、平均関税率は半分に引き下げられました。さらに、相次いで民営化が行われるなど、大規模な経済改革が実施されています。

最近の例としては、アルゼンチンが改革路線に転換し、関税率を六〇パーセント余り引き下げています。

なぜ、こうした改革が政治的に可能だったのでしょうか。常識が重要な役割を果たしたことは明らかです。貿易自由化が単独のミクロ経済政策として提案される場合には、それによって打撃を受ける業界は十分な根拠のもとに猛反対し、その一方で、利益を得る人たちはまとまりを欠き、力がないのが通常です。これに対し、改革に成功した国では多くの場合、貿易の自由化は、国全体にとって大きな利益になると見られる政策パッケージの一環として提案されたのです。改革派は、「この二〇業種の輸入を自由化すれば、生産性が向上する」という言い方はしませんでした。この論法では、うまくいかないのがふつうです。ところが、改革に成功した国では、「この戦略がうまくいくことは、世界の常識になっている。あとは実行するだけだ。貿易自由化などの自由市場と通貨価値の維持を組み合わせれば、経済は急速に成長する」と主張されました。こうした改革が不可能だと思われていた国でも、統合的なパッケージであったために受け入れられたのです。

実際、このパッケージは全体としてうまくいっています。むしろ、うまくいきすぎているといった方がいいかもしれません。

メキシコについて見てみましょう。メキシコの転換点は、ブレイディ構想に基づいて債務削減交渉を成立させたことでした。その際のメキシコの対応は、適切なものでした。債権者との交渉にあたって、柔軟な姿勢をとりつつも主張すべき点は主張しました。それに、債務削減の仕組みが優れていました（メキシコにとってよい取引をしたというだけでなく、ブレイディ構想そのものを救った点で、わたしはメキシコの交渉担当者の功績を高く評価しています。当初、アメリカが提示した案は複雑で、現実的なものではありませんでした。債権者が棚ぼたの利益を得ることがないよう緻密な債務削減策を練り上げたのはメキシコであり、これが、その後の債務削減交渉の下敷きとなりました）。

しかし、周知のように、メキシコのパッケージに基づく実際の債務削減額は、それほど大きなものではありません。とても、成長見通しが目に見えて改善するほどの規模ではありません。

ところが、現実には、債務削減を契機に経済状況が一変しました。メキシコの問題は一気に解消するかに見えました。以前は、国債の利払いが大きな財政負担となっていたことから、国内の実質金利は三〇～四〇パーセントでしたが、債務削減取り決めを受けて五～一〇パーセントに下がっています。一九八二年以降、メキシコは国際金融市場から閉め出されていましたが、取り決め後まもなく自然に巨額の資本流入が再開し、その規模もしだいに大きくなっています。その結果、長らく停滞していたメキシコ経済は成長軌道に戻っています。

債務削減の規模はそれほど大きくないのに、経済環境がこのように一変したのはなぜでしょうか。もうおわかりのことと思いますが、海外の投資家が債務削減を改革パッケージの一環であると見ており、改革が成功すると見ているからです。債務削減は自由市場、通貨価値の維持と一体を成しているのです。そして、自由市場と通貨価値の維持は、繁栄を意味します。したがって、正しい路線をとっている国に、資本が流れるというわけです。

こうした状況はメキシコだけではありません。一九九〇年代はじめの予想外の展開のひとつとして、一部の途上国に対して民間資本の流入が再開したことがあげられます。債務危機以降、政府や、政府保証を受けた企業に対する銀行貸付は時代遅れになっていますが、代わって、直接投資、株式投資、債券投資が活発になっています。こうした投資ブームの恩恵にあずかっているのは、常識にしたがって経済改革に取り組んでいる国です。ここで重要な点は、金融市場関係者が各国の政策を決定する有力者とおなじように、常識を信じていることです。

つまり、改革を行っている途上国がこの数年間に受け取った報酬は、長期的な改革が実を結び経済のファンダメンタルズが改善したことによるものではなく、金融市場による一種の前払いなのです。改革の努力がこれほどすぐに報いられたことを見れば、北米、ヨーロッパの先進国とくらべて、途上国でこの常識が疑われていないのもうなずけます。

し、改革が一見うまくいっているように思えるのは、実際に成果をあげたからではの基礎になっている常識を海外投資家が信じているからであり、この点で不健全あることはたしかです。この常識が正しくないとしたら、どうなるでしょう。あるいは、基本的に正しいとしても、自由市場と通貨価値の維持が実際に成果をもたらすまでに、市場関係者が思っている以上に時間がかかるとしたら、どうなるでしょう。こうした場合、深刻な事態になる恐れがあります。さらに、途上国の政府高官が、常識の少なくとも一部は誤っていたと認めるのを躊躇すれば、事態はいっそう深刻になります。

そこで、世界経済では現状、こうした脅威がどの程度あるかに、話を進めましょう。

高まる脅威

数か月前には、世界経済全般に通常の景気対策では効果がなく、不況が長引くのではないかとの懸念も一部にありました。たしかにその可能性もありました。しかし、断定はできませんが、現在ではその危険は去ったといってよいでしょう。アメリカ経済は本格的な景気回復局面に入ったようです。最近まで停滞していた雇用の増加率も、ようやく上向いています。ヨーロッパの景気はまだ低迷していますが、回復の兆しも見えます。とりわけ、イギリスではポンドの下落を許容したことで、二つの効果があらわれています。ひとつは、イギリス自体の景気回復が本格化していると見られること、もうひとつは、ドイツがイギリス、イタリアの通貨下落に対抗するため、国内金利を引き下げざるをえなくなっていることです。短期的に見ても、中期的に見ても、欧州域内の固定為替制度の破綻は、世界経済にとって好材料です。

さらに、長期的に見て、もっと明るい材料があります。それは、アメリカを中心として、生産性が大幅に上昇していることです。この傾向がいつまで続くかはっきりしませんが、オフィス業務やサービス業に最新技術が導入されるなど、根本的な変化が起きていることはたしかです。こうした生産性の大幅な上昇が続けば、アメリカをはじめとして技術革新を達成した各国では、生活水準が着実に上昇することになります。そして、経済が好調な国が世界経済に対する責任を自覚して穏やかな政策をとるようになれば、世界経済全体が長期的に見てうまくいくようになるでしょう。

しかし、当面、それを期待できる状況にはありません。深刻な世界同時不況の恐れはなくなりましたが、新たな脅威が生まれています。それは、保護主義の広まりです。

ここ数年、保護主義の脅威が叫ばれています。世界経済の主要国の間で利害対立が激しくなったことの当然の帰結であるというのが、大方の見方です。たとえば、レスター・サローの最近のベストセラー、『大接戦』では、こうした考え方が柱になっています。そこで、まず保護主義の動機と考えられているものについて検証し、その後に、現実にどのような脅威があるかについて、話したいと思います。

貿易をめぐる対立について、ふつう二つの点が強調されています。第一に、アメリカ、ヨーロッパ、日本の間で、利害が鋭く対立するようになったという考え方です。第二に、世界は今後、三つの貿易ブロックに分かれ、それぞれ内部は一枚岩であるが、互いに激しく衝突することになるという考え方です。最初の考え方は、とんでもない誤解です。また、世界が将来、三つの貿易ブロックに分かれるという見方も、とても現実的とはいえません。

実際には、通商政策をめぐる先進国間の利害対立は、きわめて小さなものです。アメリカとヨーロッパは農業政策をめぐって鋭く対立していますが、ヨーロッパがアメリカの要求に屈した場合、いちばん得をするのはヨーロッパの消費者と納税者です。エアバスに対するヨーロッパの補助金をめぐって、一大論争が繰り広げられていますが、ハイテク産業に対するヨーロッパの補助金によって、アメリカの実質所得がどのくらい下がっているのでしょうか。最大限に見積もっても、一パーセントの二〇分の一にもなりません。だからといって、貿易をめぐる対立が激化することはないし、深刻な打撃をもたらすこともないというわけではありません。わたしが言いたいのは、対立は起こるべくして起こるのではないということです。対立が起こるかどうかは、争点がどのように形成されるか、利害がどのように認識または誤認されるかによって、決まるのです。

利害が現実に対立していないのですから、将来、貿易ブロック同士が対立するという見方もおそらく思い込みにすぎません。

アメリカ、ヨーロッパ、日本が、有望な産業の市場シェアをめぐって、現実に争うことになるとすれば、戦いに備えて味方を集めなくてはならないはずです。アメリカはNAFTAを拡大して防衛を固め、日本はアジア諸国と貿易協定を結び、ヨーロッパはできるだけ多くの東欧諸国を取り込もうとするでしょう。しかし、そんなことが実際に起こるとは思えません。

まず、アジアについて見てみましょう。いまのところ、日本を中心とした貿易ブロックはできていないし、今後も二つの理由から、できそうにありません。第一に、貿易ブロックが意味のあるものになるには、中国が大きな位置を占めなければなりません。第二に、中国は、経済的、政治的利害から見て、日本と緊密な同盟関係を結ぶことはありえないでしょう。

つぎに、ヨーロッパには、すでに貿易ブロックがあります。しかし、ヨーロッパの同盟関係が緊密化し、アメリカ、日本に対して共通の戦略をとるようになるという見方は、日一日と非現実的になっています。内部対立は、マーストリヒト条約や通貨政策をめぐるものだけではありません。バナナの輸入数量規制から掃除機工場の誘致にいたるまで、あらゆる問題をめぐって対立が起きています。些細なことで揉めている状況では、この先、大局的な競争戦略を立てることはできそうにありません。

それでは、北米はどうでしょうか。周知のように、ＮＡＦＴＡによって北米の立場が強化されると喧伝されています。北米市場の統合により、域内企業が域外企業に対して競争優位を得るという見方がその根拠の少なくともひとつになっています。この種の議論は、とくにアメリカのＮＡＦＴＡ賛成派がよく使うものです。「ＮＡＦＴＡによって六兆二〇〇〇億ドルの巨大な統一市場が生まれる」という言葉を、耳にしたことがあるでしょう。たしかにそのとおりですが、アメリカ一国だけでも五兆五〇〇〇億ドルの市場です。これに、カナダの五〇〇〇億ドル、メキシコの二〇〇〇億ドルが加わるだけの話です。わたし自身は、ＮＡＦＴＡは成立すると思いますし、また、そう願っています。しかし、これを、貿易ブロック化に向かう大きな流れの一環だと見るのは間違いです。

貿易ブロック化の脅威がないとすれば、なにが脅威なのでしょうか。それは時代錯誤の保護主義、狭小で利己的な保護主義です。先進国は経済問題を抱えていますが、ワシントン流の見方では解決がつかなくなっています。こうしたなかで、世界的に保護主義が広まり、途上国にとっては深刻な事態になる恐れがあります。

常識のウソとホント

こういうからには、具体的に、ワシントン流の見方のどこが正しく、どこが間違っているのか、わたしの考えを話さなくてはなりません。

どこが正しいか(少なくとも大筋で)といえば、自由市場の価値と保護主義の弊害を認めている点です。この見方にはいくつか条件をつける必要もありますが、基本的な立場の正しさにくらべたら、たいした問題ではありません。

ワシントン流の見方のどこが間違っているかといえば、少なくとも現在の解釈を前提すれば、通貨価値の維持を信奉している点です。つまり、積極的な金融政策や機動的な為替レート調整の有効性を軽視していることです。とりわけ、状況がどうあれ、通貨切り下げは無意味で効果のない戦略であるという考え方は、誤っています。

ここでなぜ、こんなことを言う必要があるのでしょうか。常識が破綻するとき、正しい部分が捨てられ、誤った部分が残る可能性が、きわめて高いと思われるからです。これが現実になれば、だれにとっても好ましくないことになるでしょう。とくに途上国にとって、事は重大です。

こうした好ましくない事態がどのようにして起こるのか、二つの例を引いて、わたしの見方を話したいと思います。

まず、カナダの現状について見てみましょう。いうまでもなく、カナダはすでに一九九〇年に、アメリカと自由貿易協定を結んでいます。しかし、現在では協定はきわめて不人気です。協定成立の最高責任者であるマルルーニ首相が辞職したのも、首相が不人気では、つぎの選挙で与党が敗北することが目に見えていたからです。自由貿易協定もマルルーニ前首相も、なぜこれほど不人気なのでしょうか。それは、九〇年以降、カナダの失業率が大幅に上昇し、なかでも製造業で大量の失業者が出ているからです。

ところが、カナダの不況も失業問題も（アメリカに対する競争力の低下すらも）、自由貿易協定とはほとんど関係がないのです。これは基本的に、カナダ銀行による強力な金融引き締め政策の結果です。カナダ銀行は、アメリカが小幅なインフレを容認する姿勢をとっているなかでも、徹底して物価を安定させる方針を崩していません。クロウ・カナダ銀行総裁の政策が、深刻な不況とカナダ・ドルの過大評価をもたらしているのです。問題のほんとうの原因は、ここにあります。しかし、国民はこの点を理解しておらず、基本的に関係のない自由貿易協定を拒否することになるかもしれません。

二つ目の例をあげましょう。今週行われたフランスの総選挙では、与党の社会党が惨敗し、保守連合が過半数を占めました。最大の争点が失業問題であったことは疑う余地がありません。失業率が高いうえに上昇傾向が続いていることが、有権者の不安をかき立てたのです。また、不況が深刻化している最大の原因は明らかに、フランスがあくまでフランをドイツ・マルクに連動させる方針をとっていることにあります。もしフランスがイギリスのように、ＥＭＳを離脱する（それよりいいのは、為替レートの調整を求める）つもりがあれば、少なくともある程度の景気回復を達成できるでしょう。

残念ながら、それはなさそうです。保守連合は選挙に勝利して早々、現政権の「強いフラン」政策を堅持する方針を明らかにしています。そのために、どのような政策を打ち出しているのでしょうか。露骨な経済ナショナリズムです。農産物輸入に対して保護主義の立場をとり、ウルグアイ・ラウンドの決着を引き延ばし、輸出が死活問題になっている東欧諸国の製品を締め出すというのです。

どちらの場合も、自由市場と通貨価値の維持という常識がどこかおかしいと、当局者が気づいたところまでは、正しかったのです。しかし、どちらの場合も、捨てる方を間違えました。金融政策と為替政策に問題があるのに、自由市場政策がいけないと考えたのです。

いまのところ、アメリカではこうはなっていませんが、その懸念があることは認めざるをえません。すでに、新しい常識ができあがろうとしています。それがどのようなものか、敢えていうならばこうなります。アメリカ経済にとっての問題、つまり、短期的には雇用、長期的には成長に関連した問題の原因を、なんの根拠もなく国際競争に求める考え方です。日本、ヨーロッパとの貿易問題に関するクリントン大統領の発言は、週を追うごとに露骨で好戦的になっています。メキシコに非難の矛先が向かないとは、言いきれません。

メキシコ経済の見通し

以上の点を踏まえて、メキシコの話に入りたいと思います。これまで述べてきたことから、メキシコ経済の見通しについて、どんなことがいえるでしょうか。

最初に取り上げなくてはならないのは、もちろん、NAFTAの問題です。常識を疑ってみるという話からすれば、NAFTAは好ましくない、あるいは、アメリカ、メキシコのどちらかが考え直すべきだということになるでしょうか。

決して、そんなことはありません。たしかに、NAFTAそのものは、いわれているほど大きな利点がある協定ではないし、とくにアメリカの側から見て、その経済効果を主張する議論は奇怪です。メキシコ経済は現在、マサチューセッツ州経済とほぼおなじ規模です。アメリカへの直接の影響という点から見れば、NAFTAの締結は、EC（欧州共同体）とEFTA（欧州自由貿易連合）の交渉の結果、ECとスウェーデンの貿易関係が緊密化したのと同程度の重要性をもつにすぎません。要するに、アメリカ経済から見れば、NAFTAは大したことではありません。

メキシコから見ても、NAFTAは、すでにかなりのところまで進んでいる自由化を、もう一歩進めるだけのことです。経験則によれば、保護主義の経済コストと実効保護率は比例関係にはなく、保護率が高くなるにつれ急激にコストが高くなります。たとえば、保護率が四〇パーセントの場合、二〇パーセントの場合とくらべて経済コストは三倍から四倍になります。メキシコはすでに保護措置の大半を撤廃しているので、自由貿易に移行することで利益を得る余地は、あまり残されていません。また、メキシコの輸出という点から見て、アメリカの障壁はNAFTAの有無にかかわらず、かなり低いものです。したがって、メキシコにとっても、NAFTAの全体的な影響は、それほど大きくはないでしょう。

むしろ、NAFTAは政治的な象徴として、重要な意味をもっています。それは、メキシコが改革を継続する意思表示であり、アメリカが将来にわたってメキシコの輸出に市場を開放しつづける意思表示なのです。NAFTA成立後の貿易と現在のそれをくらべてみても、大差はないでしょう。しかし、NAFTAがない場合、将来、両国またはどちらか一方が貿易制度を大きく後退させる可能性もあります。

また、メキシコが大規模な北米経済に統合することで得られる潜在的な利益は、たしかに膨大なものです。常識では、自由市場が奇跡を起こす力をもっているかのように誇張されている嫌いがありますが、輸出志向の工業化が、なによりも効果的な開発の原動力となることは事実です。メキシコがその機会をみすみす逃すとすれば、惜しいことです。

NAFTAがそれほどすばらしいものであるとすれば、成功しない可能性などあるのでしょうか。その可能性はあります。これには、二つの場合が考えられます。

ひとつは、アメリカが最終的にNAFTAを批准するかどうか、まだはっきりしていないことです。わたしの見るところ、批准しない可能性は低いように思えます。クリントン政権が主に外交政策上の理由から、成立に全力を注ぐことはたしかでしょう。気分を害されるかもしれませんが、メキシコの現政権はアメリカにとって夢が実現したといってもよいでしょう。アメリカで教育を受け、改革の意欲に燃えたテクノクラートが、独裁の歴史を一掃し、近代国家、民主国家をつくりあげようとしています。アメリカ政府がこうした友好国の成功の見通しを危うくするとすれば、馬鹿げているとしかいいようがありません。だからといって、その可能性がないわけではありませんが、かなり低いと思います。

NAFTAが失敗する可能性として、もうひとつのケースが考えられます。メキシコで経済危機が起きた場合です。その危機は、NAFTAとは関係がないかもしれませんが、カナダ、フランスが抱えている経済問題も自由貿易とは関係がないのです。

メキシコで危機が起こるとすれば、それはどのようなものでしょうか。メキシコは現在、資本流入に大きく依存していますが、これが危機につながる可能性は十分にあります。

前述のように、メキシコへの巨額の資本流入は、じつは、経済改革が将来成功することを見込んでの前払いなのです。この数年来、メキシコは、投資家や識者の間でブームになっています。

いまでは、ブームが過熱しています。わたしの知人にメキシコの政府関係者がいますが、借入ができなかった一九九〇年以前と、投資ブームの現在とをくらべて、こう語っています。「当時、メキシコはそれほど悪くなかったし、いまも、それほどよくはない」。アメリカでは（もちろんメキシコでではなく）、昨年になっても、中国並みの離陸を果たしたかのように、「メキシコの奇跡」が話題になっていました。

しかし、現実のメキシコは、ひいき目に見ても、まだ奇跡が起こりはじめた段階です。この数年来、実質成長率は人口増加率を一、二ポイント上回っているにすぎません。アメリカに近い生産性をあげている産業も少しはありますが、全体とすれば生産性はあまり伸びていません。経済が成長軌道に戻って以降も、失業率は上昇しています。これはよく知られている事実であり、メキシコ政府に問題があるわけではありません。要するに、メキシコは、海外投資家によって実力を正当に評価されているというより、突発的で不合理な投資ブームの標的になっているのです。

ブームにはかならず終わりがあります。このブームが終わったらどうなるでしょう。あるいは、成長が減速したらどうなるでしょう。もっとも、景気はすでに下降局面に入っていますが。経済を自由化するという政府の基本戦略は、間違っていません。むしろ、長期的に見て、これ以外にメキシコが貧困から抜け出す道はありません。しかし、メキシコ経済は短中期的に不安材料を抱えています。それは、GDPの六パーセントにのぼる資本流入が毎年続かないかぎり、ペソが大幅に過大評価されているという問題です。

現在のメキシコの実質為替レートが、一九八八年当時より大幅に上昇している原因については、意見の分かれるところです。海外資本の自然な流入によるものだとする見方と、インフレ抑制の手段として為替レートを利用しているからだとする見方がありますが、それはあまり問題ではありません。現実の問題は、今後も海外資本が従来どおりのペースで流入するかどうかです。しかし、これは期待できそうにありません。とすれば、どうしたらよいでしょうか。

常識にしたがえば、メキシコはこれまでどおり、自由市場と通貨価値の維持という路線を続けるべきだということになります。アメリカの政府関係者は現にそう言っていますし、最後までそう言いつづけるでしょう。わたしが政府の人間だとしたら、おなじことを言うと思います。しかし、わたしたち民間人は、無責任なことや、言いにくいことを言える立場にあります。

今後、メキシコでなにが起こるかについて、わたしなりの考えを言うなら、昨年、多くの国がそうしたように、メキシコも、ワシントン流の見方のうち一方を捨てざるをえなくなるでしょう。その場合、捨てる方を間違えて、失敗したはずの保護主義政策やナショナリズム政策に逆戻りする可能性もあります。政府が最後まで金融引き締め政策にこだわれば、その可能性は高くなるでしょう。

しかし、わたしの見るところ（メキシコの事情に詳しいわけではないので、あくまで部外者としての意見ですが）、ワシントン流の見方のうち、もう一方が捨てられることになるでしょう。イギリス、スウェーデンは、状況がどうなろうとも為替レートを維持する方針に変わりはないと断言していましたが、どちらの場合も、最後には道理が勝ちました。近投機売りを浴びて方針を転換せざるをえなくなったことが、かえって幸いしたのです。つまり、いうち、メキシコでこれとおなじことが起きないとしたら、それこそ意外です。

わたしの希望的観測では、メキシコは経済改革の総仕上げの一環として、通貨を切り下げることになるでしょう。

（一九九三年三月、メキシコシティでの講演）

第10章　NAFTAの実体

このところアメリカでは、NAFTA(北米自由貿易協定)法案が最大の政治争点となっている。このように国論を二分する貿易法案は、スムート・ホーレー関税法以来である。

協定の実質的な内容や予想される影響から見て、これほど激しい論争が展開されていることは、理解できない。また、論争をきっかけに、事実をたんねんに検証してみようという傾向が見られるわけでもない。NAFTA反対派を説得しようとしても、議論は不毛に終わることが多い。一九世紀末、ウィリアム・ジェニングズ・ブライアン大統領候補が銀貨自由鋳造制を提唱したが、その熱狂的な支持者である農民に、それでは農家が抱える問題は解決しないと説得するのと、変わりがない。

実際、この二つのケースはよく似ている。一八九〇年代のポピュリズムは、いってみれば、アメリカ経済の工業化という大きな流れに逆らって、農家を守ろうとする必死の抵抗であった。金本位制を維持すべきか、あるいは、銀貨の自由鋳造を認めて金銀複本位制にすべきかの選択は、農業セクターが現実に抱える問題とはほとんど関係がなかった。強いていえば、銀貨の流通によってインフレが発生すれば、多額の負債を抱えた一部の農家にとって、一時的な救済になったかもしれない。しかし、それで工業化の流れがくつがえされるわけでもなければ、流れが目に見えて緩むわけでもなかった。

それでも、金銀複本位制か金本位制かという争点は、国民にとってわかりやすいものであり、ひとつの象徴であった。「アメリカを金の十字架にかけてはならない」という訴えは、スローガンとして有効だった。だからこそ、銀貨自由鋳造制という見当違いの主張を、ポピュリストが政策綱領の中心に据えるようになったのである。

NAFTAに対する強硬な反対論も、基本的に当時のポピュリズムと変わりがない。アメリカ経済のサービス化の流れに逆らって、製造業を守ろうとする必死の抵抗である。貿易、とりわけメキシコとの貿易は、サービス化の流れとはほとんど関係がない。強いていえば、NAFTAがなければ、現在メキシコからの工業製品輸入にかけられている四パーセントの平均関税率が据え置かれることになり、製造業では低賃金のわずかな雇用を一時的に維持できるかもしれない。しかし、NAFTA反対派がいちばん懸念している長期的なサービス化の流れをせき止めることはおろか、流れを緩めることすらできそうにない。

しかし、悪い理論が良い理論を駆逐するのが政治の現実だ。NAFTA反対派が単純で受けのよい論法を使っているため、賛成派も程度の差はあれ、おなじような論法で応酬している。現在、政府内外のNAFTA推進派が掲げているバラ色の見通しによれば、数十万人の高賃金の雇用が創出され、アメリカの競争力は飛躍的に向上し、北米全体が繁栄するという。これは、反対派の見通しほど的外れではないものの、現実をかなり誇張していることはたしかである。

NAFTAの実体は、つぎの五点に要約できよう。

・NAFTAはアメリカの雇用にはまったく影響をあたえない。
・NAFTAは環境破壊につながらない。むしろ環境保全に役立つ可能性もある。
・NAFTAにより、アメリカの実質総所得はわずかながら上昇する。
・NAFTAにより、おそらくアメリカの非熟練労働者の実質賃金がやや低下する。
・アメリカにとって、NAFTAは経済問題ではなく、基本的に外交問題である。

NAFTAと雇用

NAFTAが雇用にあたえる影響をめぐって、議論が沸騰している。反対派の主張として、メキシコからの輸入とメキシコへの資本流出により、アメリカで数十万人の雇用が失われるという意見もある。これに対し、賛成派の主張としては、NAFTAによってメキシコ経済が急成長することで、アメリカにとっては輸出市場が大幅に拡大し、数十万人の雇用が増加するという見方が多い(1)。

いずれも正しい見方ではないし、その中間が正しいわけでもない。貿易によって雇用がどれだけ増えるとか減るとかいった問題の立て方そのものが、アメリカ経済の仕組みを誤解している証拠である。とりわけ、NAFTAが雇用にどのような影響をあたえようとも、他の経済政策、とくに金融政策によってかならずそれが相殺される事実が見落とされている。

この点は知的水準の高い人にすら、なかなか理解してもらえない。まず、経済が複雑なシステムであること、そこではすべての要素が互いに影響しあっていることを指摘すると、全員が理解する。ところがつぎに、貿易政策の変更による影響を理解しようとすれば、金融当局がどのような対応をとるかを考慮しなくてはならないと指摘すると、とたんに不機嫌になる。しかし、この指摘は正しいのだ。

そこで、今後一〇年間のアメリカ経済を、ボストンからニューヨークまでのドライブにたとえてみよう。一〇年間の雇用の平均水準を、この区間の車の平均スピードと考える。NAFTAが雇用にあたえる直接の影響（雇用がどのくらい増えるか減るか）を、車が高速道路を進むときに受ける風の影響（向かい風を受けるか追い風を受けるか）に置き換える。この場合、NAFTAによる雇用全体への影響を予測することは、車のスピードに風がどのくらい影響するかを予測するのに相当する。実際に行われている雇用予測も、これとおなじことをしている。つまり、雇用以外の条件がまったく変化しないと想定しているのだ。これを車の例に当てはめてみると、風があるときも、風がないときとまったくおなじ量のガソリンがエンジンに供給されると想定するようなものだ。

こんな方法で車の速度を予測できるとは、だれも思わないだろう。車を運転するのはドライバーだし、ドライバーはただ座っているだけではないのだ。アクセルでガソリンの流れを調節して、思いのままにスピードをコントロールする。わたしは高速道路では時速約一〇〇キロ（制限速度を超えている）で走ることが多い。理由は、いつも急いでいるからだが、それ以上スピードを出さないのは、警察の目につきたくないからだ。時速一〇キロ程度の向かい風や追い風では、車の平均速度は変わらない。アクセルの踏み込みを変えて、風の影響を相殺するだけだ。

アメリカ経済にもドライバーがいる。連邦準備制度理事会（FRB）だ。FRBの公開市場委員会はほぼ六週間ごとに会議を開き、金利の目標圏を決定する。失業率に対する影響という点から見れば、この決定はどんな貿易政策よりも、はるかに大きな影響力をもっている。さらに、景気の状況に応じて決定が行われる。利上げか利下げかは、FRBが、雇用拡大（目的地に急ぐこと）の必要性とインフレ（スピード違反のチケット）の懸念のどちらを重く見るかによって決まる。FRBが判断を誤った結果、予想以上にインフレ率が上がったり、雇用が減少したりする場合も少なくないが、いずれにせよFRBの行動は、アメリカの雇用の増減を左右する最大の要因である。

ＮＡＦＴＡによってメキシコからの輸入が実際に増え、その結果、他の条件が変わらなければ、今後一〇年間に雇用が五〇万人減ると想定しよう。他の条件が実際に変わらないことがあるだろうか。もちろん、そんなことはありえない。ＦＲＢは、景気が減速すると見れば、金利を低めに設定するはずである。逆に、他の条件が変わらなければ、ＮＡＦＴＡによって雇用が五〇万人増えるとすれば、金利は上昇するはずである。ＦＲＢの目標が外れることは間違いないが、雇用が目標より多くなるか少なくなるかは五分五分である。そして、一〇年という期間で見れば、ＮＡＦＴＡがあった場合となかった場合で、雇用の平均水準に違いがあると考える理由はない。

この結論は、協定の詳細によって左右されるものではない。もちろん、ＮＡＦＴＡがアメリカ経済にあたえる直接の影響として、五〇〇万人の雇用が失われるといわれたら、ＦＲＢにこの打撃を相殺するだけの力があるか、心配になるかもしれない。ちょうど、向い風がきわめて強ければ、車の運転に苦労するようなものだ。しかし実際には、ＮＡＦＴＡの強硬な反対派ですら、五〇万人以上、雇用が失われると見る人はまずいない。アメリカの雇用者数に対する比率は〇・五パーセントにも満たない。この予測がいずれも小幅であるのには、わけがある。関税率などの数字を見れば、メキシコに対するアメリカの貿易障壁がすでにかなり低いことは、一目瞭然だからだ。現在、工業製品に対する関税率は四パーセントであり、一部の農産物にはそれより高めの関税率、一部品目には数量規制が適用されている。ロス・ペローは、NAFTAによって「巨人がスープをすするような音」を立てて雇用が大量に流出するというが、アメリカの製造業にとってメキシコの低賃金がそこまで大きな魅力であるとすれば、そうした企業はとっくに移転しているはずである。

いずれにせよ、〇・五パーセント程度の雇用の減少（または増加）は、FRBの政策の影響力とくらべれば、わずかなものである。この程度の変化は、一パーセント以下の金利の微調整で相殺できるし、実際そうなるだろう。

NAFTAと環境

雇用不安を別にすれば、NAFTA反対論のなかでそれなりに効果をあげているのは、NAFTAが環境破壊を招くという議論である。環境規制、とくにその運用が緩やかなメキシコに、アメリカの製造業が移転するというのが、その理由だ。もちろん、メキシコの工場が一般に、アメリカの工場よりも環境に被害をあたえていることは、疑う余地がない。

しかし、これは比較の対象を間違えている。NAFTAによってアメリカからメキシコに（またはその逆に）雇用が流出することがない以上、問題は、NAFTA成立後にできたメキシコの工場が、アメリカの工場にくらべて環境に配慮しないかどうかではない。NAFTA成立後にできたメキシコの工場が、NAFTAが成立しなかった場合にメキシコの労働者がはたらく工場とくらべて、環境に大きな被害をあたえるかどうかが問題なのだ。

これについて、はっきりとした回答があるわけではないが、少なくとも二つの理由から、NAFTAが成立したことは、全体としてメキシコの環境によい影響をあたえると考えられる。

ひとつは、アメリカがNAFTAに関連して環境問題を取り上げているので、NAFTAが成立しなかった場合よりも、メキシコが環境規制の運用をきびしくすることである。それでも、アメリカの工場にくらべたら、メキシコの工場はかなり問題があるだろうが、それは別の話だ。重要なのは、NAFTAが成立しなかった場合とくらべて、メキシコの工場がクリーンになることである。

それ以上に環境にとってよいのは、メキシコの産業分布が変わることである。一九八〇年以前には、メキシコの工業化は主に国内市場を対象としており、メキシコシティとその周辺に集中していた。ここを訪れたことのある人なら、こうした集中立地が文字どおり、息苦しくなるような環境問題を引き起こしていることに気づいている。これに対し、メキシコが輸出志向政策に転換して以降に建設された輸出産業の工場は、ほとんどが北部にある。こうした工場が環境に配慮しているとは言いがたいが、少なくとも、海抜一六〇〇メートルの盆地に二〇〇〇万人が住むメキシコシティとは、立地条件が違う。

NAFTAの経済効果

NAFTAは雇用を創出するわけでも失業をもたらすわけでもないが、北米の労働生産性をわずかに向上させることになろう。まともな研究(事実の裏付けに基づいて頭を切り換えるだけの柔軟性をもつ人が行った研究)を見ればかならず、NAFTAがアメリカにとって、わずかに利益になることがわかる。これは、貿易から通常得られる利益と、なんら変わりがない。第一に、各国は、生産性が比較的高い産業の生産を増やすことになり、北米経済全体の生産性が向上する。第二に、市場が拡大することで、規模の経済のメリットが大きくなる。第三に、市場が拡大することで競争が促され、独占にともなう非効率が是正される。

ここで重要なのは、「わずかに」という言葉である。NAFTAによるアメリカの実質所得の増加が、〇・一パーセントを大きく上回るとする研究結果は、ほとんどない。なぜ、利益がわずかなのか。ひとつには、NAFTAが成立する以前から、アメリカ、メキシコでは、すでに貿易自由化がかなり進んでいるからである。市場統合という点では、NAFTAはそれほど大きな意味はない。もうひとつの理由として、メキシコの経済規模が小さいことがあげられる。メキシコのGDPは、アメリカの四パーセントに満たない。したがって、アメリカの輸入先としても輸出市場としても、メキシコが大きな位置を占めることは、当面ありえない。

一方、メキシコがNAFTAから得る利益は、GDPに対する比率で見れば、当然、アメリカよりも大きくなる。メキシコ経済の規模がはるかに小さいという点を考えただけでも、これはあたりまえのことだ。最近のある推計によれば、NAFTAによる利益はアメリカ、メキシコの間で、ほぼ折半される（両国とも年間約六〇億ドルである）。これをGDPに対する比率で見ると、アメリカは〇・一パーセント強にすぎないが、メキシコは四パーセントを超えている。(2)

NAFTAとアメリカの低賃金労働者

熟練労働力の豊富な国が少ない国との貿易を増やした場合、国内の非熟練労働者の実質賃金が低下する可能性がある。理論的には、NAFTAがアメリカの単純労働者の賃金に、少なくともなんらかの悪影響をあたえることが予想される。

しかし、事実を見るかぎり、この影響はきわめて小さい。ひとつには、アメリカとメキシコの間の残存貿易障壁がすでにかなり低く、今後、全面的に撤廃されたとしても、賃金に大きな影響をあたえるとは考えにくいからだ。

さらに、経済理論にしたがえば、アメリカとメキシコの間の貿易は、技術集約型の製品と労働集約型の製品を交換する形になるが、こうした貿易のかたよりがアメリカの低賃金労働者に不利にはたらくことを、実際の貿易統計で検証するのは意外にむずかしい。その好例が、よく引用されるゲイリー・ハウバウアーとジェフリー・ショットのNAFTAに関する研究結果である。それによると、メキシコからの輸入と競合する産業と、メキシコに輸出している産業の平均賃金は、ほぼおなじである。

ただ、貿易が実際にアメリカの所得分配に悪影響をあたえているという証拠が見つからないのは、なにもメキシコのケースにかぎったことではない。二人のエコノミストが、貿易が賃金に大きな影響をあたえているという結果を予想して、調査を行ったところ、一九七九年以降のアメリカの賃金格差拡大には、貿易はほとんど影響していないという結論に達している。ローレンス・カッツによる調査でも、おなじ結論になっている(3)。

したがって、理論的には、NAFTAはアメリカの非熟練労働者に悪影響をあたえることを認めざるをえないが、実際には、それを裏付ける証拠がない。したがって、こうした影響はきわめて小さいと考えるのが妥当である。

外交政策としてのNAFTA

NAFTAにともなうアメリカの雇用、環境面のコストはごく小さいものであるが、国民はそうは考えない。また、NAFTAはアメリカにとってたしかに経済効果があるが、その程度はわずかなものである。とすれば、こう問うてみたくなる。クリントン政権はなぜ、残り少なくなった政治力を使い果たしてまで、不人気で経済効果も少ないNAFTAを成立させる必要があるのだろうか。それは、メキシコ政府がNAFTAを必要としているからだ。そして、メキシコ政府を支援することが、アメリカの国益になるからだ。

サリナス政権が民主的政権の模範であるとは言いがたいが、アメリカから見れば、両国の歴史上、最良の政権である。サリナス政権は自由化を柱とする経済改革に取り組んでおり、長年の反米姿勢をなんとか払拭しようとしている。大統領選挙はまだ完全な自由選挙とはなっていないが、自由化、民主化が進んでいることはたしかだ。つい最近まで、アメリカの情報関係者はメキシコを警戒していた。債務危機と石油価格の急落によって打撃を受けていることから、急進政権が誕生して、アメリカの安全保障にとって脅威になりかねないと見ていたのだ。そのメキシコに、友好政権が誕生したのだから、国務省にとっては願ってもないことである。

しかし、長期的に見て、メキシコの改革が成功するという保証はない。サリナス政権は経済の自由化、とりわけ貿易の自由化を大胆に進めている。最高関税率は一〇〇パーセントから二〇パーセントに引き下げられ、許認可が必要な輸入品目は九三パーセントから四分の一以下に削減された。こうした改革が実ってメキシコは海外投資家の信認を回復し、一九九〇年以降、巨額の資本が流入している。しかし、いちばん重要な点については、いまのところ成果と呼べるようなものはない。つまり、一般市民の生活水準が改善していないのだ。たしかに、九〇年には八年にわたる経済停滞を脱し、メキシコ経済は成長軌道に戻った。しかし、経済成長率は労働人口の伸び率に追いつくのがやっとであり、八〇年当時とくらべて失業率ははるかに高く、実質賃金ははるかに低くなっている。

エコノミストの多くは、メキシコの改革がいずれ大きな実を結ぶと見ている。しかし、そうなるまでに、成長の回復を支えてきた国民や海外投資家がしびれを切らし、改革路線に見切りをつける恐れがつきまとう。

アメリカとの自由貿易を推進するというサリナス大統領の決断は、こうした背景のもとで考えるべきである。サリナス政権にとって、NAFTAは一種の政治公約である。海外投資家に対してはメキシコが改革を継続すること（そして、アメリカがメキシコ製品に対して市場を開放しつづけること）を、国民に対してはよい時代が訪れることを約束しているのだ。

後知恵にすぎないが、サリナス政権はNAFTAを提案しない方がよかったともいえる。NAFTAがなくても、メキシコは、一九八〇年代半ば以来進めてきた貿易自由化路線をおそらく継続していただろう。それによって、すでにメキシコの工業製品に対してかなり開放されているアメリカ市場を利用することができ、自由貿易協定を正式に提案することで反対派を刺激する必要はなかった。しかし、いまさら後戻りはできない。交渉がまとまった以上、アメリカがNAFTAを批准しなければ、サリナス政権は大きな打撃を受けることになろう。

NAFTAが不成立に終わった場合、どうなるか、だれもたしかなことはいえない。メキシコが冷静に受けとめて、改革を続ける可能性もないとはいえない。しかし、深刻な事態になる可能性の方がはるかに高い。改革が成功する保証がないことに投資家が気づいて、金融危機が起こる恐れがある。その一方で、カルデナス（前回の大統領選挙で、同氏が当選していたとしても不思議ではなかった）らのポピュリストが、友好国に対するアメリカの仕打ちを言い立てサリナス政権を非難し、政治危機に発展する恐れもある。

アメリカがNAFTAを受け入れないとすれば、それは、メキシコに向かって、両国の関係が険悪だった時代に逆戻りしようと言っているのも同然だ。アメリカにとって、NAFTAは雇用問題ではない。ましてや経済成長や生産性の問題でもない。友好政権の成功を助けるために、アメリカとしてできることを実行するかどうかを問われているのだ。N

ＡＦＴＡについて、まったく不合理な恐れを抱いて、国境の南に非友好的な政権、まして敵対的な政権をつくりだすとすれば、アメリカは歴史に汚点を残すことになるだろう。

［注］

（1）この問題に関する賛否両論を簡潔にまとめたものとしてゲイリー・ハフバウアー、ジェフリー・ショット著 *NAFTA: An Assessment*, Washington, D.C.: Institute for International Economics, 1993 がある。

（2）ドルシラ・K・ブラウン、アラン・V・ディアドーフ、ロバート・M・スターン著 "A North American Free Trade Agreement: Analytical Issues and a Computational Assessment," *The World Economy*, January 1992, pp.15–29。

（3）ロバート・Z・ローレンス、マシュー・スローター著 "Trade and Wages: Giant Sucking Sound or Small Hiccup?" *Brookings Papers on Economic Activity: Microeconomics 1993*、ローレンス・カッツ著 "Understanding Recent Changes in the Wage Structure," *NBER Reporter*, Winter 1992/93。

（外交評議会の許可を得てフォーリン・アフェアーズ誌一九九三年一一・一二月号・三〜一九ページより転載）

第11章 アジアの奇跡という幻想

歴史の教訓

かつて、欧米のオピニオン・リーダーは、東の諸国の驚異的な経済成長率に感心する一方で脅威を抱いていた。経済の水準や規模では欧米にはるかに及ばないものの、農業国から工業国へと急速に脱皮し、先進国の数倍もの成長率を続け、一部の分野では欧米の技術に追いつき追い越そうとしていた。これが、欧米の経済力とイデオロギーの優位に疑問を投げかけているように思えた。東の指導者は欧米と違って、市場経済を信奉しておらず、市民的自由を無制限に認めてはいなかった。そして、東の体制の方が優れていることに自信を深め、こう主張した。東の社会は、強大な国家権力や独裁体制を受け入れ、公共の利益のためには個人の自由を制限し、経済を管理し、長期的な経済成長のために短期的な消費者利益を犠牲にすることもいとわない。東の諸国はいずれ、混迷するいっぽうの欧米諸国を追い抜くことになる。こうした主張に対し、欧米の識者のなかにも少数とはいえ賛同する者が増えていた。

欧米が経済成長率で東に水をあけられたことは、政治問題に発展した。民主党は、「国の再生」を公約に掲げた若く精力的な大統領候補を立て、政権を取り戻した。大統領とそのブレーンにとって、国の再生とは、東の挑戦を受けて立ちアメリカの経済成長を加速することであった。

これはいうまでもなく、一九六〇年代はじめの話である。若く精力的な大統領とは、ジョン・F・ケネディである。そして、急速な経済成長をとげている東の諸国とは、ソ連とその衛星国だ。西側が東側の技術力をこれほどまでに警戒するようになった背景には、スプートニクの打ち上げに象徴される宇宙開発競争でのソ連のリードがあった。

一九五〇年代には、共産主義国の経済成長を取り上げ、脅威を訴える本や記事が相次いで登場したが、その一方で、共産主義国の経済成長の要因を綿密に分析し、定説とはかなり違う見方をする経済学者もいた。たしかに、東側の成長率は高いが、それは不思議でもなんでもない。生産の急速な増加は、投入の急速な増加によってすべて説明できる。投入の増加とは、雇用の拡大、教育水準の向上、さらにもっとも重要なものとして物的資本への膨大な投資のことである。こうした投入の増加を考慮すれば、生産の伸び率はおどろくほどではない。ソ連の経済成長で意外な点は、ごくあたりまえの要因で説明できることの方であった。

こうした分析結果から、二つ重要なことがいえる。第一に、共産主義体制の方が優れているという考え方は、ほとんど根拠をもたない。共産主義体制の一部を取り入れれば、西側も簡単に経済成長を加速できるとする通説は、たしかな根拠に基づいたものではない。東側の急速な経済成長は、ひとつの要因ですべて説明できる。いまの消費を犠牲にして将来の生産にまわす節約精神である。共産主義国の例は、楽をして急成長を達成できるわけではないことを示している。

第二に、共産主義国の経済成長には限界がある。したがって、従来の成長率をそのまま将来に当てはめて考えると、現実的な見通しとはかけ離れたものになる可能性が高い。投入一単位当たり生産の増加ではなく、投入そのものの増加に基づく経済成長では、いずれ収益が逓減するのは目に見えている。ソ連が従来どおりのペースで就業率を引き上げ、教育水準を向上させ、物的資本ストックを拡大しつづけることはありえない。共産主義国の成長率が減速すること、しかも、おそらく大幅に減速することは、はじめから予測できた。

現在、アジア諸国の急速な経済成長が識者の注目を集めているが、これと一九五〇年代の共産主義国の高度成長の間に、共通点があるだろうか。もちろん、一見、共通点はなさそうだ。九〇年代のシンガポールと五〇年代のソ連には、共通点がないように見える。リー・クアンユー前首相はフルシチョフとは似ていないし、ましてスターリンとは似ても似つかない。しかし、ソ連の経済成長をめぐる大論争をおぼえている人なら、アジア諸国の経済成長の要因に関する最近の研究結果を見て、なつかしいという感覚にとらわれるに違いない。いずれの場合も、俗説と現実的な見通し、つまり常識とたしかな数字とが大きく違っているために、まともな経済分析の結果がまったく無視され、たとえ公表しても、的外れの議論として片付けられることが多い。

過熱気味のアジア・ブームには、水を差す必要がある。アジアの急成長は、一般にいわれるほど先進国にとって参考になる面はなく、今後の成長率は予想されているほど高くはならないと見られる。しかし、このように通説に異議を唱えるとかならず、先入観の壁にぶつかる。そこで、小論の冒頭で、ソ連の経済成長をめぐる三〇年前の論争を例に引き、過去の過ちを繰り返す恐れがあると指摘した。以前にも、似たような問題があったのだ。しかし、当時、ソ連の経済成長が西側にとってどれほど驚異的なものであり、どれほど大きな脅威と映ったかをおぼえている人がほとんどいないのでは、話にならない。そこで、アジアの急成長について触れる前に、うすれた記憶を呼び覚まし、経済史の重要な一こまを振り返ってみることにしよう。

「お前たちを葬ってやる」

社会主義体制が崩壊した現在では、ソ連の経済といえば、社会主義の失敗との関連でしか話題にならないので、その成長が世界の驚異の的になっていた時代があったといわれても、にわかには信じられない人がほとんどである。当時、フルシチョフ首相は国連総会で靴で机をたたいて「お前たちを葬ってやる」と叫んだ。これは、軍事力より経済力に対する自信から出た言葉である。こうした歴史上の事実がほとんど忘れ去られている現在では意外なことに思えるが、たとえば、一九五〇年代中ごろから六〇年代はじめにかけてのフォーリン・アフェアーズ誌を見ていくと、ソ連の工業力の拡大が西側にあたえる影響を取り上げた論文が、少なくとも年にひとつは見つかる。

これらの論調を代表するものとして、カルビン・B・フーバーの一九五七年の論文がある[(1)]。西側の経済学者の多くがそうしたように、フーバーも、ソ連の政府統計は成長率を過大評価していると批判している。しかし、結論としては、ソ連の成長率がかなり高いことを認めており、「どの期間をとっても主要な資本主義国の二倍であり……アメリカの年平均成長率の三倍である」としている。さらに、経済成長を達成するうえでは、市場経済システムに基づく民主主義国家より「一党独裁制に基づく全体主義国家」の方が本質的に優れている可能性があるとしており、七〇年代はじめには、ソ連が経済力でアメリカを追い抜くと予測している。

こうした見方は、当時としては珍しいものではなく、むしろ、あたりまえのことと受け止められていた。ソ連の計画経済は非人間的な制度であり、消費財を供給するうえでは問題もあるが、経済成長を促進するうえでは有効であるというのが、一般的な見方であった。ワシリー・レオンチェフは一九六〇年の論文で、ソ連経済は「冷徹で揺るぎない方針に沿って運営されている」と述べている。レオンチェフが根拠を示すことなくこのような見解を表明したのは、読者もおなじ見方であるという確信があったからだ。

しかし、ソ連の経済成長を研究する経済学者の多くは、やがて、まったく違う結論に行き着いた。ソ連経済が実際に急成長をとげていることについては、異論はなかったが、成長の性格について新しい解釈を示し、ソ連の成長見通しを見直す必要があると主張した。こうした新解釈を理解するには、少し回り道をして、成長会計に関する理論を見てみる必要がある。成長会計というと、一見、難解そうだが、実はごく常識的なことである。

ソ連経済はなぜ減速したのか

経済成長は、二つの源泉による成長の和と考えることができる。ひとつは、「投入」の増加である。雇用の増加、労働者の教育水準の向上、物的資本（機械設備、建物、道路など）のストックの増加だ。もうひとつは、投入一単位当たりの産出の増加である。これは、経済運営や経済政策の改善による場合もあるが、長期的に見れば、知識の蓄積によるところが大きい。

成長会計の基本となる考え方は、この二つについて明確な指標の数値を算出し、この単純な公式の内容を豊かにしていくことである。その結果、経済成長率のうち、どこまでがどの投入要素（投資、労働など）の増加によるものか、どこまでが効率性の向上によるものかを知ることができる。

労働生産性を話題にする場合にはだれでも、成長会計の初歩を利用している。つまり、経済成長のうち、労働力供給の増加に起因する部分と、労働者が生産する財の平均価値の増加に起因する部分を、暗黙のうちに区別している。もっとも、労働生産性の伸びはかならずしも、労働者の効率性の向上によるとはかぎらない。労働は投入の一要素にすぎない。労働者の生産の増加が、管理の改善や技術知識の向上によるのではなく、設備の向上によってもたらされる場合もある。たとえば、建設機械を使えばシャベルを使うより速く穴を掘れるが、これは労働者の効率性が向上したためではない。労働者が使える設備資本が増加したからである。成長会計のねらいは、測定できるかぎりの投入要素をひとまとめにして指標をつくり、経済成長率とこの指標の伸び率を比較し、経済の効率性、経済学の用語を使えば「全要素生産性」を推計することである(2)。

このように説明すると、まったく学問的な話に聞こえるかもしれない。しかし、成長会計の視点から経済成長のプロセスを考えれば、すぐに重要な点に気がつくはずである。ある国の一人当たり所得が長期にわたって伸びつづけるとすれば、それは、投入一単位当たりの産出が増加している場合以外にはありえない、という点である。(3) 投入が増加しても、その利用効率が向上しなければ(機械設備やインフラストラクチャーへの投資の効率が向上しなければ)、いずれ収益が逓減することは避けられない。投入主導型の成長には、おのずと限界がある。

それでは、現在の先進国ではなぜ、過去一五〇年間にわたって一人当たり所得が増加しつづけることができたのだろうか。それは、技術の進歩によって、全要素生産性が上昇しつづけているからである。つまり、投入一単位当たりの国民所得が、増加しつづけているからだ。この点については、マサチューセッツ工科大学のロバート・ソロー教授の推計がよく知られている。それによると、アメリカの一人当たり所得の長期的な伸びのうち、八〇パーセントは技術の進歩によるものであり、投入資本の増加によるものは二〇パーセントにすぎない。

経済学者はソ連の経済成長を研究するにあたって、成長会計の手法を使った。ソ連の統計に問題があったことはいうまでもない。投入と産出に関する推計を集め、こうした断片的な情報を継ぎ合わせるだけでもたいへんな作業であったが(エール大学のレイモンド・パウエル教授は「多くの点で遺跡の発掘作業に似ている」と書いている)、もうひとつ、概念上の問題があった。社会主義経済では、市場収益から投入資本を推計することが不可能に近かった。そこで、研究ではやむをえず、経済の発展段階が同程度の資本主義国の収益に基づいて、社会主義国の収益を想定した。こうした問題はあったものの、研究を始めるにあたって、どんな結果が出るか、かなりの確信があった。資本主義国の経済成長は投入の増加と効率性の向上の両面に基づいたものであり、一人当たり所得の増加の最大の要因は効率性の上昇である。おなじように、ソ連の経済成長も投入の急速な増加と効率性の急速な向上によるものだという結果が出るものと、研究者たちは予想していた。

しかし、予想はみごとに裏切られた。ソ連の経済成長は、投入の急速な増加のみによるものであることがわかったのだ。効率性の伸び率は低く、西側諸国をはるかに下回っていた。効率性の伸びが事実上なかったことを示す推計もあったほどだ[4]。

ソ連が経済資源の総動員態勢をとっていることは、はじめからわかっていた。スターリン主義の計画経済では、大量の労働者が農村から都市に移住させられ、女性が労働力としてかり出され、男性の労働時間が延長され、教育制度が大幅に拡充された。さらに、もっとも重要な点として、工業生産のうち新規の工場建設に充てられる部分の比率が一貫して上昇していた。しかし、これはすでにわかっていたことである。研究者にとって意外だったのは、程度の差こそあれ測定できる投入の影響をすべて考慮すると、成長率のうち、これらの要因によって説明できない部分が残っていなかったことである。ソ連の経済成長がこれほどすっきりと説明がつくとは、思いもよらなかったのだ。

経済成長がほぼすべて投入の増加によって説明できる点から、重要な結論を二つ導くことができた。第一に、計画経済が市場経済よりも優れているという主張は、誤解に基づいていることがわかった。ソ連経済に特別な力があるとすれば、それは、資源を動員する能力であり、資源を効率的に利用する能力ではない。一九六〇年当時、ソ連の効率性がアメリカよりもはるかに低かったことは、だれの目にも明らかだ。しかし、このギャップが縮まる兆しすら見えなかったことは意外である。

第二に、投入主導型の成長にはおのずと限界があり、ソ連経済が減速することはほぼ確実だった。ソ連経済の減速が明らかになるはるか以前に、成長会計でそれが予測されていた（ソ連経済が三〇年後に崩壊することになるとは、経済学者も予測していなかったが、これはまったく別の問題である）。

ソ連の経済成長をめぐる論争は話として面白いだけでなく、従来の傾向をそのまま将来の予測に当てはめることが、いかに危険であるかを示す格好の教訓である。それでは、現在の世界についても、おなじことがいえるだろうか。

張り子の虎

近年のアジア諸国と三〇年前のソ連との間には、一見、共通点がなさそうに見える。むしろ、共通点などまったくないというのが、妥当な見方だろう。たとえば、シンガポールに出張して豪華なホテルに泊まったビジネスマンには、ゴキブリが徘徊するモスクワのホテルとは、なんの共通点も思いつかないだろう。活気に満ちたアジア諸国の高度経済成長と、厳格な統制のもとに進められたソ連の工業化を、そもそも比較できるのだろうか。

しかし、両者の間には意外にも共通点がある。一九五〇年代のソ連がそうであったように、アジアの新興工業国の高度成長も、資源の総動員が最大の要因となっている。経済成長のうち、投入の急速な増加によって説明できる部分を除けば、残りはほとんどない。高度成長期のソ連がそうであったように、アジア諸国の経済成長も、効率性の上昇ではなく、労働、資本など投入の大幅な増加が原動力になっている(5)。

シンガポールのケースを考えてみよう。一九六六年から九〇年までのシンガポールの経済成長率はじつに年率八・五パーセントとなっており、アメリカの三倍である。一人当たり所得の伸びは同六・六パーセントであり、一〇年ごとにほぼ倍増していることになる。こうした成長率の高さを見れば、奇跡といえなくもない。しかし、この奇跡は、ひらめきではなく、努力に基づいたものであることがわかる。シンガポールは資源の動員によって経済成長を達成しているのだ。スターリンが誇ったような資源の動員である。人口に占める雇用者の割合は、二七パーセントから五一パーセントに上昇している。労働者の教育水準は飛躍的に向上しており、一九六六年には労働者の半数以上が学校教育を受けていなかったが、九〇年には三分の二が高卒以上である。さらに、物的資本に膨大な投資を行っており、投資率は一一パーセントから四〇パーセント余りに上昇している。(6)

成長会計の計算をするまでもなく、こうした数字から、シンガポールの経済成長が一回かぎりの行動様式の変化によるものであることが、はっきりとわかる。ここ三〇年の間に、人口に占める雇用者の割合はほぼ倍増している。これから、さらに倍増することはありえない。三〇年前には学校教育を受けた労働者が半数以下であったが、いまでは大多数が高卒以上である。しかし、いまから三〇年後に、労働者の大半が博士号をもつようになることは、ありそうもない。さらに、四〇パーセントという投資率はどんな基準から見ても、きわめて高い。それが七〇パーセントになると考えるのは、馬鹿げている。このように、シンガポールが今後も従来どおりの成長率を続けることがありえないのは、一目瞭然である。

しかし、実際に成長会計の計算をしてみると、意外な結果があらわれる。シンガポールの経済成長は、測定できる投入の増加によってすべて説明できるのだ。効率性が向上していることを示すものはなにもない。この点で、リー・クアンユー時代のシンガポール経済とスターリン時代のソ連経済とは、双子のようによく似ている。どちらも、資源の動員のみによって経済成長を達成しているのだ。いうまでもなく、現在のシンガポールはソ連のどの時代よりも(最盛期のブレジネフ時代よりも)、はるかに豊かである。これは、シンガポールの効率性がいまだに先進国を下回っているものの、かつてのソ連とくらべれば、先進国に近いからである。むしろ重要なのは、シンガポール経済がつねに、比較的効率性が高かったことだ。シンガポールではつねに資本や、教育を受けた労働者が不足していた。

シンガポールはたしかに、極端なケースである。おなじように急成長している他の東アジア諸国では、人口に占める雇用者の比率、教育水準、投資率のどれをとっても、シンガポールほど大幅に上昇しているわけではない。にもかかわらず、基本的にはおなじ結論になる。効率性が向上していることを裏付ける証拠は意外にも、ほとんどない。キムとローはアジアの四匹の「虎」(韓国、台湾、香港、シンガポール)について、こう結論づけている。「東アジアの新興工業国については、戦後まったく技術の進歩がないという仮説を否定することはできない」。また、ヤングは詩的な表現でこう指摘する。投入の急速な増加を考慮すれば、「虎」の生産性の伸び率は「オリンポスの丘からテッサリア平原に」落ちる。

こうした結論は常識に反するため、経済学者がそれを主張しても、説得するのはきわめてむずかしい。すでに一九八二年には、ハーバードの大学院生のユアン・ツァオが、シンガポールに関する博士論文で、効率性の上昇を裏付ける事実がほとんどないことを明らかにしている。しかし、この論文は「信じがたいとして無視された」とヤングは言う。九二年に台北で開かれた学会で、キムとローが論文を発表した際には、一応、聞いてはもらえたが反響はなかった。ところが、九三年の欧州経済学会の大会で、アジア諸国の成長が投入主導型であることをヤングが論証しようとした際には、はじめから疑ってかかられた。

ヤングの最近の論文には、これだけ反証を掲げても常識をくつがえすことができない苛立ちが、はっきりとうかがえる。論文の標題である「数字という暴君」には、こんな暴論を信じる気にはなれないかもしれないが、数字を避けて通ることはできないのだという意味が込められている。論文の冒頭には皮肉を込めて、テレビ・ドラマのフライデー刑事よろしく、「この物語は真実です」といわんばかりのもったいを付けている。「本論文は退屈で冗長であるが、それは筆者の意図するところである。本論文では、東アジアの発展について、歴史家の興味を引くような新解釈をしているわけでもなく、東アジアの経済成長の原動力について、理論経済学者の意欲をそそるような新しい要因を指摘しているわけでもなく、東アジア諸国の巧妙な政府介入について、積極介入論者が喜ぶような新しい根拠を示しているわけでもない。本論文では、東アジアの新興工業国における生産の増加、生産要素の蓄積、生産性の伸びについて、過去のパターンを綿密に分析することに全力を傾けている」。

これはもちろん、ポーズにすぎない。論文の結論は、常識の足元を崩すだけの説得力をもっている。今後、アジア諸国が世界経済で、さらには世界政治で大きな位置を占めるようになるとする常識に、ヤングは風穴をあけたといえよう。しかし、この論文では、アジアの経済成長について常識をくつがえす解釈をもたらした統計分析は、四匹の「虎」だけを対象にしている。いずれも比較的小さな国であり、「新興工業国」という呼び方が最初に使われた国である。それでは、日本、中国のような大国はどうだろうか。

大国日本でも経済成長が減速

世界経済の命運がアジアにかかっているという常識を信じている人に向かって、東アジア諸国の成長見通しに異議を唱えれば、日本を引き合いに出して反論するに違いない。かつては貧しかった日本が、いまや世界第二位の経済大国である。日本にできたことがなぜ、他のアジア諸国にできないといえるのか。

この疑問に対しては、二つの答えがある。第一に、アジア諸国の成功の背景には、「アジア・システム」という共通点があるとする見方が多いが、実際の統計を見ると、そうはいえないことがわかる。一九五〇年代から六〇年代にかけての日本の経済成長と、七〇年代から八〇年代にかけてのシンガポールの経済成長には、共通点はない。東アジアの新興工業国とは異なり、日本は、投入の大幅な増加と同時に、効率性の大幅な伸びによって経済成長をとげたといえよう。新興工業国は経済成長率こそ高いものの、効率性ではアメリている。しかし、日本は技術水準でアメリカに迫っているとは言いがたい。

第二に、日本はたしかに長年にわたって高率の経済成長をとげてきたが、いまでは、その成長神話も過去のものとなっている。最近でも、日本の成長率が他の先進国を上回ることは多いが、その差は以前よりはるかに小幅になり、しかも縮まっている。

日本経済や、日本が世界経済で果たす役割について書かれた本は山ほどあるが、奇妙なことに、日本の成長率の減速についてはまったく触れていない。こうした本を読んでいると、一九六〇年代から七〇年代はじめにかけての成長神話の時代に、タイム・スリップしたような気がする。たしかに、日本は九一年以来続いている深刻な不況からまもなく抜け出し（これを書いている時点では、景気はまだ底入れしていない）、短期的にはおそらく、力強い回復が見られるだろう。しかし、景気拡大が本格化しても、成長率は二〇年前の常識的な予測をはるかに下回ることになろう。ここが重要な点である。

二〇年前と現在の日本の成長見通しをくらべてみるといい。一九七三年当時、日本は経済規模、生活水準ともアメリカをはるかに下回っていた。国内総生産（ＧＤＰ）はアメリカの二七パーセント、一人当たりＧＤＰは同五五パーセントにすぎなかった。しかし、日本の成長ペースを見ると、いずれ状況が一変すると思えた。それまでの一〇年間、日本の実質ＧＤＰ成長率は年率八・九パーセント、一人当たり実質ＧＤＰ成長率は同七・七パーセントだった。この間、アメリカも従来の基準から見れば高い成長率をあげているが、実質GDP成長率は三・九パーセント、一人当たり実質GDP成長率は二・七パーセントであり、日本とは比較にならない。二〇年前、たしかに日本はアメリカに急速に追いつこうとしていた。

それどころか、こうした傾向をそのまま将来に当てはめて考えれば、遠からず日米逆転が起こるはずであった。一九六三〜七三年の成長率が続けば、日本は八五年には一人当たりGDPで、九八年にはGDPでアメリカを追い抜くはずだった。当時は、これがまともな見通しだと思われていた。日本がいずれ世界経済の覇者になるという見方が主流であったことを思い起こそうとするなら、当時、話題になっていた本の題名を見るといい（ハーマン・カーンの『超大国日本の挑戦』、エズラ・ボーゲルの『ジャパン・アズ・ナンバーワン』などがある）。

しかし、少なくとも現在のところ、当時の予測どおりにはなっていない。日本経済の世界ランキングが上昇を続けていることは事実だが、二〇年前に予測されていた上昇ペースよりはるかに遅い。一九九二年には、日本のGDPはアメリカの四二パーセント、一人当たりGDPは同八三パーセントにとどまっている。これは、七三〜九二年の成長率が高度成長期とくらべて、大幅に鈍化しているためである。この間の実質GDP成長率は年率三・七パーセント、一人当たり実質GDP成長率は同三パーセントにすぎない。アメリカも七三年以降、成長が鈍化しているが、これほど大きな落ち込みではない。一九七三〜九二年の成長率を将来に当てはめてみよう。それでもなお、日本はアメリカに追いつき、追い越すことになるが、以前ほど劇的ではない。一人当たりGDPでは二〇〇二年、GDPでは二〇四七年にアメリカを追い越す計算になる。しかし、日本ではこれより控えめな見通しが一般的だ。日本のエコノミストは、現在の日本経済の潜在成長力（不況時に使われなかった供給余力を使い切った後に維持できる成長率）を三パーセントと見ている。しかも、これはアメリカの二倍近い投資率を前提としている。ここ数年、アメリカの生産性の伸びが少なくとも緩やかに上昇していることが、はっきりと確認されるようになっており、この点を考慮すれば、今後、日本の生産性がアメリカに近づくとしても、亀の歩み程度のペースになるといえよう。むしろ、日本が一人当たり所得で永遠にアメリカに追いつけない可能性すらある。要するに、日本経済は一部で考えられているほど、特別の能力を備えているわけでも、例外的な存在でもない。そして、日本と他のアジア諸国の経済発展の間には、一般に思われているほど共通点があるわけではない。

チャイナ・シンドローム

世界経済の命運がアジアにかかっているという常識に異議を唱える場合、中国を引き合いにして反論されたら、日本のケースよりも論駁がむずかしい。中国はいまはまだ貧しいが、膨大な人口を抱えており、生産性が先進国の水準に少しでも近づけば、経済大国になる。さらに、日本と違って中国は近年、急成長をとげている。それでは、今後の見通しはどうだろうか。

中国の急成長の要因を分析することは、技術的な問題と考え方の問題からむずかしい。技術的な問題についていえば、中国が急成長していることは事実だが、中国の統計はきわめて信頼性が低い。最近、明らかになったところによれば、外国投資に関する政府統計は実際の六倍の水準にもなっていた。これは、政府が外国企業に対して実施している税制、規制面の優遇措置を逆手にとり、国内起業家が架空の外国企業を資本提携先としたり、海外のダミー会社を経由させたためである。中国社会が活力に満ちているとはいえ、こうした不正がまかり通っているようでは、他の統計もとても信頼する気にはなれない。

考え方の問題についていえば、どの年を基準年にとるべきか、むずかしいところである。市場経済への移行が始まった年（見方によるが一九七八年）を基準年にとれば、中国の経済成長が効率性の大幅な向上と投入の急速な増加によるものであることは、まず疑う余地はない。しかし、毛沢東政権末期の混乱から立ち直った時期に、効率性が大幅に回復したのは、当然のことである。一方、文化大革命以前の年（たとえば六四年）を基準年にとれば、東アジアの新興工業国と似たような結果になる。つまり、効率性の向上はわずかであり、投入主導型の経済成長ということになる。しかし、これもまた、かたよった見方である。社会主義市場経済に移行してからの効率性の伸びが大きくても、文革期の落ち込みのために、全体とすれば効率性の伸びが小さくなるからだ。そこで、二つの見方の中間をとるのがよいだろう。市場経済化以降の効率性の伸びのうち、一部（全部ではない）は一回かぎりの回復で、残りが持続可能な傾向である。

中国の成長率が少し鈍化するだけでも、地政学的な見通しは大きく変わる。世界銀行の推計によれば、現在、中国の経済規模はアメリカの約四〇パーセントである。アメリカが今後も年率二・五パーセントの成長率を維持するとしよう。中国が同一〇パーセントの成長率を維持することができれば、二〇一〇年には経済規模でアメリカを三分の一上回る。しかし、中国の成長率が、現実的な見通しである年率七パーセントにとどまれば、アメリカの八二パーセントになるにすぎない。それでも、世界経済の重心はかなり移動するが、現在、一般に考えられているほど、大幅に移動することはないだろう。

奇跡といえる点はない

東アジアの新興工業国の急成長は、経済政策と地政学についての常識に大きな影響をあたえている。グローバル経済を論じる識者の多く、おそらくほとんどは、東アジア諸国の成功から三つの結論を導いている。第一に、技術の普及が世界規模で進んでおり、欧米諸国は従来の優位を失いつつある。第二に、その結果、世界経済の重心が太平洋西岸のアジア諸国に移動する。第三に、おそらく少数意見であろうが、欧米諸国で受け入れられる以上に市民的自由を制限し計画の要素を取り入れた経済システムの方が優れており、その証拠にアジア諸国が成功している。

いずれの結論も誤っていることは、研究結果に照らし合わせてみればすぐにわかる。東アジア諸国のめざましい経済成長は投入の急速な増加によるものであり、信じがたいことかもしれないが、奇跡といえるような点はなにもない。

第一の説、つまり、先進国が技術優位を失いつつあるとする説について考えてみよう。世界経済に関する最近の論調では、技術が国境を越えて流出するようになっていること、新興工業国が先進国の生産性に容易に追いつけるようになっていることを、自明の理としている。また、途上国への資本流出や途上国からの輸入が欧米の産業基盤を弱めており、技術の流出が欧米社会にとって深刻な問題になるという主張も多い。

この主張には、概念上の深刻な矛盾がある。(7) 技術が国境を越えて移動するという前提が正しいとしても、矛盾があるといえる。それだけでなく、個々の産業の範囲内では技術の普及が進んでいるとはいえても、経済全体を対象とするデータを見るかぎり、世界的に技術格差がなくなっているとする説はまったく根拠をもたない。キムとローの研究によれば、新興工業国と先進国の「技術格差は縮まっていないと見られる」。ヤングの研究でも、東アジア四か国の効率性の伸びが、先進国の多くを上回っていないことが明らかになっている。

技術格差が急速に縮まっていないことを考えれば、通説では説明のつかない謎も、すんなり解ける。南北間の資本移動が話題になっているが、実際には、一九九〇年以降の途上国への資本流出はわずかであり、しかも、大部分は東アジアではなく中南米に流れている。最近では、東アジアの新興工業国のなかには、かなりの資本輸出をしている国もある。賃金水準が先進国を大幅に下回っているこれらの国で、生産性が先進国の水準に急速に迫っているとすれば、海外投資は謎としか言いようがない。しかし、東アジア諸国の経済成長が投入主導型であり、資本ストックが増えるにつれて収益が逓減しはじめているとすれば、海外投資も当然の行動として説明がつく。

東アジア諸国の経済成長が、実際に収益逓減の状態になっているとすれば、アジアが世界経済の中心になるとする常識もある程度、考え直す必要がある。ただし、こうした可能性を強調しすぎると、判断を誤ることになる。よほどの政治的混乱がないかぎり、東アジアは今後一〇年以上にわたって、欧米を上回る成長を続けることになろう。とはいえ、最近のような成長率は望めない。二〇一〇年になって振り返ってみれば、最近の傾向をそのまま当てはめて、アジアが世界経済の中心になるという現在の予測が、馬鹿げたものに映る可能性は十分にある。一九六〇年代には、ソ連がいずれ経済力で西側を追い越すと予想されていたが、ブレジネフ時代になってみれば、こうした予測はとんでもない見当違いに思えた。

結論として、東アジアの経済成長の実態を見れば、常識を鵜呑みにしない方がよいといえよう。常識によれば、東アジア経済の成功は、自由放任主義を基本とするアメリカの従来の経済政策が誤りであることの証左であり、きめ細かい産業政策や選別的な保護主義が有効であることの証左である。ジェームズ・ファローズらによれば、東アジア諸国には共通の「アジア・システム」ができており、そこから教訓を学びとらないとすれば、アメリカにとって大きな痛手になるという。しかし、日本を除くとしても、アジアの新興工業国の制度や政策はきわめて多様であり、共通のシステムといえるようなものはない。それに、アジア諸国の成功が戦略的な通商・産業政策の効果によるものであるとすれば、その効果はかならず、効率性が大幅に伸びるという形であらわれるはずである。しかし実際には、そのような兆候は見られない。

東アジアの新興工業国は、資源を総動員していることに対して報酬を受け取っているのである。これは、ごくあたりまえの経済理論で説明がつくことである。アジアの経済成長に秘訣があるとすれば、それは、後々のために楽しみをとっておこうとする心掛けであり、将来の利益のためにいまの満足を犠牲にする精神である。

これは、受け入れがたい結論であろう。とりわけ、赤字削減と貯蓄率の向上という難題を前にして打つ手のないアメリカの識者にとっては、認めたくないことだろう。しかし、経済学がこのように陰気な学問であるのは、経済学者がそうさせているからではない。つまるところ、数字という暴君が語る論理には、服従するほかないからである。

［注］

（1）フーバーの論調（ソ連の統計には問題があるとしながらも、ソ連が高い成長率をあげていることは事実であるとする論調）は、当時の主流の見方を代表している（たとえば、アトランティック・マンスリー誌に連載されたエドワード・クランショーの論文を参照。一九五五年一一月号に掲載された第一回のタイトルは「ソ連の工業」である）。ソ連の経済成長の政治的影響を懸念する議論は、フルシチョフが訪米した五九年にピークに達している。ニューズウィーク誌はフルシチョフの強気の発言を真に受け、ソ連は「世界経済の覇権を握る可能性が高い」と警告している。同年終わりに上下両院合同経済委員会が開いた公聴会では、ダレスCIA（中央情報局）長官がこう述べている。「今後一〇年間、ソ連が予測どおり年率八ないし九パーセントの鉱工業生産の伸びを続けるとすれば、米ソ間のギャップが……縮まり、危険なことになる」。

（2）あらゆる投入をひとつの指標にまとめるというと、まるで、リンゴとオレンジをおなじに扱っているように思われるかもしれない。つまり、労働者が投入する時間と、労働者が使う新しい機械のコストのように、比較しようのない項目をひとまとめにしようとしていると、感じられるかもしれない。いったい、各要素の加重値をどのように決めるのだろうか。経済学では、市場収益を使ってこの加重値を決める。労働者の一時間当たりの平均賃金が一五ドルだとすれば、一人一時間当たりの加重値は一五ドルとなる。一〇万ドルの機械が平均一万ドルの年間収益をあげる（収益率が一〇パーセント）とすれば、この機械一台当たりの加重値は一万ドルとなる。その他の要素も、おなじ方法で加重値を決める。

（3）なぜそうなるのかを理解するために、架空の国を考えてみよう。問題を単純化するため、国の人口と労働人口は一定とする。したがって、機械などへの投資が増加すれば、その分、労働者一人当たりの資本が増加する。ここで、適当な数字を入れてみよう。初期条件として、労働者一人当たりの資本ストックが一万ドル、労働者一人当たりの財・サービスの生産額が一万ドル、投資収益率が四〇パーセント（つまり、機械一万ドル当たりの年間利益が四〇〇〇ドル）とする。

　さらに、国の生産額のうち投資にまわす割合（投資率）は二〇パーセントで一定しているものとする。つまり、毎年、国民所得の二〇パーセントを、資本ストックの増加に充てるものとする。この場合、経済成長率はどのくらいになるだろうか。

当初は、高い成長率になる。一年目には、労働者一人当たりの資本ストックは一万ドルの二〇パーセント、つまり二〇〇〇ドル増加する。収益率は四〇パーセントなので、生産額は八〇〇ドル増加する。したがって、成長率は八パーセントになる。

しかし、こうした高い成長率が続くことはありえない。労働者一人当たりの資本ストックが二倍に増え、二万ドルになった時点で、経済状況はどうなっているだろうか。まず、労働者一人当たりの生産額もおなじように二倍に増えているわけではない。これは、資本ストックが投入の一要素にすぎないからだ。この時点まで四〇パーセントの投資収益率を維持できていたとしても、労働者一人当たりの資本ストックが二万ドルに増えた場合、労働者一人当たりの生産額は一万四〇〇〇ドルまでしか増えない。しかも、実際には、収益率は三〇パーセントなり二五パーセントなりに下がっているはずである（建設工事現場に一台目のブルドーザーを導入したときには、生産性は飛躍的に伸びる。しかし、すでに一二台あるところに一台増やしても、それほどの伸びがあるとは思えない）。これらの要因が重ね合わさって、投資率が一定であるとすれば、成長率は大幅に下がる。労働者一人当たりの資本ストックが一万四〇〇〇ドル、投資率が二〇パーセントなので、資本ストックの増加は二八〇〇ドルとなる。収益率が三〇パーセントに下がっていれば、労働者一人当たりの生産額は八四〇ドルしか増えない。つまり、成長率は六パーセントにしかならない。収益率が二五パーセントに下がっていれば、成長率は五パーセントにしかならない。このように、資本が蓄積するにつれ、収益率は下がり、したがって成長率が下がっていく。

（4）この研究は、レイモンド・パウエル著 "Economic Growth in the U.S.S.R.," *Scientific American*, December 1968 に要約されている。

（5）最近では、東アジア諸国の急速な経済成長の要因について、計量分析が盛んに行われている。主な文献として、スタンフォード大学のローレンス・ロー教授とジョンイル・キムによる二つの共同研究論文、"The Sources of the Growth of the East Asian Newly Industrialized Countries," *Journal of the Japanese and International Economies*, 1994、"The Role of Human Capital in the Economic Growth of the East Asian Newly Industrialized Countries," mimeo, Stanford University, 1993 の他、マサチューセッツ工科大学の新進気鋭の成長経済学者、アルウィン・ヤング教授の三つの論文、"A Tale of Two Cities: Factor Accumulation and Technical Change in Hong Kong and Singapore," *NBER Macroeconomics Annual 1992*. MIT Press、"Lessons from the East Asian NICS: A Contrarian View," *European Economic Review Papers and Proceedings*, May 1994、"The Tyranny of Numbers: Confronting the Statistical Realities of the East Asian Growth Experience," *NBER Working*

Paper No. 4680, March 1994 がある。

（6）これらの数字はヤングの前掲書による。シンガポール経済では外資系企業が重要な役割を果たしているが、新興工業国全般にいえるように、投資の大部分は国内貯蓄でまかなっている。

（7）ポール・クルーグマン著「第三世界の経済成長は第一世界の繁栄を脅かすか」（ハーバード・ビジネス・レビュー誌一九九四年七・八月号［本書第4章に転載］）を参照されたい。

（外交評議会の許可を得てフォーリン・アフェアーズ誌一九九四年一一・一二月号六二〜七八ページより転載）

Ⅳ　技術と社会

第12章　技術の復讐

カート・ボネガットは一九五二年のSF小説、『プレイヤー・ピアノ』で、技術の進歩によって、機械が人間に代わってほとんどの仕事をこなすようになる未来世界を描いている。小説では、こうした技術進歩が社会に悲惨な結果をもたらしている。ほとんどの人は金になる仕事にありつけず、失業手当で暮らすか、政府が提供する無意味な失業対策事業で働いている。意味のある仕事につけるのは、創造力など特別の能力をもつ人だけであり、しかも、機械化によって人間がすることがなくなっていくため、こうした人の数もじりじりと減っていた。

『プレイヤー・ピアノ』が発表されてから二〇年間は、ボネガットがとんでもない見当違いをしているように見えた。戦後、一九七〇年代はじめまでは、まさにボネガットが機械化によって消滅すると見ていた種類の仕事が、先進国では大幅に増えたのだ。人並みの能力と教育があれば、だれでも仕事につけたし、それなりの賃金ももらえた。こうした労働者階級のかつてない繁栄を、ジャーナリストが盛んに取り上げるようになった。トム・

ウルフは、三〇年にわたって「やり手のブルジョワが活躍するブームが続いたため、アメリカではプロレタリアという言葉は死語と化した」と書いている。経済学者は以前から、機械化脅威論は根拠がないと見ていたが、中産階級の繁栄を目の当たりにして、それまでの見方が正しかったことを確信した。

しかし、ここ二〇年間を見ると、ふつうの労働者にとって、決してよい時代とはいえない。アメリカでは、大卒労働者の多くで所得が大幅に増加したのに対し、高卒の若年労働者の実質賃金は二〇パーセント以上下がっている。ところが、この間、生産性は小幅ながら上昇しており、一九七三年から九三年までの生産性の伸びは約二五パーセントに達している。ヨーロッパでは、賃金格差はそれほど急激に拡大してはいないが、失業率が一貫して上昇しており、七三年には三パーセントを下回っていたが、現在は一一パーセントを超えている（アメリカでは現在六パーセント前後である）。

経済学者の間では、アメリカとヨーロッパで起きている現象は、表面は違っても根はおなじであるとする見方が多い。理由はどうあれ、企業は、特別の能力をもたない労働者の雇用に消極的になってきた。アメリカでは、失業給付が比較的少ないうえに受給期間も短く（二六週間にすぎない）、失業すると健康保険がなくなることが多いため、求職者は賃金が低い仕事でも受け入れる以外にほとんど選択の余地がない。お役所言葉を借りれば、アメリカの労働市場は「柔軟性が高い」ということになる。これに対し、ヨーロッパでは社会保障給付がはるかに高額であり、求職者は気に入らない仕事につかなくてもすむ。さらに各種の政府規制によって、企業は低賃金労働者の雇用には消極的だし、たとえ雇用したくても、それができない仕組みになっている。その結果、アメリカで非熟練労働者の賃金の低下をもたらしている大きな流れが、ヨーロッパでは非熟練労働者の失業の増加をもたらしている。大きく見れば、大西洋の東と西でおなじ結果があらわれている。戦後、欧米では当然のこととされていた経済的結果の平等は、過去の話になろうとしている。

知識人向けの雑誌を読んだり公共放送網のテレビ番組を見ている人なら、なぜこうなったのか、わかっているはずだ。国際競争、とりわけ低賃金国との競争が激しくなり、かつて労働者階級を支えていた高賃金の製造業の職が奪われたからだと。しかし、こうした人たちが「わかっている」ことは、まったく間違っている。賃金格差が拡大しているほんとうの理由は、もっと捉《とら》えにくいものだ。一九七〇年以降、技術の変化により、情報処理技術者、医者など高度な技術をもつ労働者と、平均的な労働者の間で、賃金格差が拡大しているのだ。問題はいうまでもなく、こうした傾向が今後も続くかどうかである。

しかし、この問題を取り上げる前に、片付けておかなくてはならないことがある。雇用問題をめぐる議論は（自分では知性と教養があると思っている人たちの議論ですら）、基本的な事実を誤解していることが多い。たとえば、こんな発言について考えてみよう。「輸送・通信技術の進歩によって、どんな製品をどこで生産するか、自由に選択できるようになった。こうした流れを加速したのが共産主義の崩壊である。多国籍企業にとって、第三世界はいまや、安全な投資先となった。その結果、高賃金の欧米諸国から低賃金の途上国に、資本と技術が大量に移動している。こうした資本移動に加え、低賃金国からの輸入が急増したことで、かつて欧米の大きな中産階級を支えていた高賃金の製造業の職が奪われている。要するに、グローバル化は欧米企業にとっては利益になっているが、欧米の労働者にとっては打撃となっている」。

この発言は、説得力があるように思えるが、まったく間違っている。じつをいうと、これは引用ではなく、識者の間で常識になっている見方を示すために、わたしがつくったものだが、この見方は公表されているデータで、ほぼ完璧に論破できる(1)。

こうした通説の前提になっているのは、資本と技術の供給は一定であり、新興工業国が成長すれば、かならず先進国が犠牲になるという考え方である。現実には、新興工業国への技術の普及によって、先進国にとっては輸出競争の相手が増えるが、その一方で、輸出市場が拡大するし、輸入価格が低下する。たとえば、アメリカはラップトップ・コンピューターのほとんどを輸入に頼っているが、海外でのコンピューターの生産が増えたことにより、アメリカ製マイクロプロセッサーの市場が拡大し、ラップトップの価格が下がっている。しかし、理論的には、技術の普及の結果、先進国の所得が増えることもあれば減ることもある。しかし、実証的には、影響はほとんど確認できない。

また、世界の資本供給が一定にとどまっていることはない。経済成長にともなって国内貯蓄も増えるからだ。急成長をとげているアジア諸国では、貯蓄率がきわめて高い。したがって、途上国の成長によって世界の資本需要が増加しても、それとおなじか、あるいはそれ以上に、資本の供給が増加すると考えられる。

さらに、新興工業国からの輸入額とこれら諸国への資本流出の規模は、それを懸念する人たちが語っているよりもはるかに小さい。まともな国際経済学者と俗流国際経済論者との違いをもたらす知識をひとつだけ示すとすれば、それは、世界経済がどれだけ大きいかである。メキシコやインドネシアに工場が移転した話をたびたび耳にするため、これが世界規模で進んでいる大きな潮流であるかのようなイメージをもちやすい。しかし、先進国の経済規模から考えれば、一〇億ドルの投資ですら微々たるものだ。一九九〇年の先進国のGDPは合計一九兆ドル、国内投資は同四兆ドルを超えている。一方、九三年の新興工業国への資本移転総額はおよそ一〇〇〇億ドルである（過去最高の水準であり、九四年はこれを上回ることはないと見られる）。つまり、先進国の投資のうち新興工業国向け投資は二・五パーセントにも満たない。先進国で数万人あるいは数十万人の労働者が低賃金国からの輸入によって職を失っていることは事実だが、先進国の総労働人口は四億人を超えている。現在、先進国には三〇〇〇万人の失業者がいるが、その要因を計量分析した研究のどれを見ても、途上国との競争の影響はたとえあるとしても、わずかであることがわかる。だからといって、今後、貿易と資本移動の影響が拡大することがないとはいえない。しかし、賃金の低下と失業の増加という現象は、グローバル化が進んだから起きたわけではない。すでに二〇年も続いている傾向である。その原因はなんなのだろうか。

経済学者は「技術」という言葉を、ふつうの人とは少し違った意味で使う。『ウェブスター英英辞典』の定義によると、技術とは「応用科学」である。これが、まずふつうの使い方だ。しかし、経済学者が技術の変化という場合、投入と産出の関係の変化を意味している。たとえば、メーカーが現場の作業員に「権限を移譲」して、工場の運営方法に対する発言権をあたえ、その結果、品質が向上し、管理職の数を減らせるようになったとする。経済学ではこれを、技術が向上したと考える。この場合、技術革新は管理職の雇用にとって不利に働く。ところが、管理職を増やして監督を強化した方が、生産量が増えることがわかったとする。これも、技術の向上である。こちらの場合には、管理職の雇用にとって有利に働く。

経済学的な意味からすれば、先進国ではここ二〇年間、技術変化が起きている。この変化は、熟練労働者にきわめて有利に働いている。これは、実証的にもはっきりと証明されていることだ。技術者から企業幹部にいたるまで、熟練労働者は非熟練労働者にくらべて、賃金が大幅に上昇している。一九七九年には、職務経験五年の大卒労働者と、経験年数がおなじ高卒労働者との賃金格差は三〇パーセントであったが、八九年には、七四パーセントに広がっている。技術変化が起きていなかったとしたら、非熟練労働者とくらべて熟練労働者の雇用コストが大幅に上昇しているので、企業は熟練労働者を削減し、できるだけ非熟練労働者で間に合わせようとするはずだ。しかし、実際にはそれと反対のことが起きている。全般に、企業は従業員の平均技能水準を引き上げている。

したがって、技術変化にともなう労働需要の変化こそ、アメリカで賃金格差が拡大している最大の原因であり、ヨーロッパで失業率が上昇している最大の原因であるといえよう。しかし、別の解釈もできる。熟練労働者の需要の増加は、各産業のなかで技術の需要が拡大したことより、産業構造が変化し、熟練労働者の比率が高いセクターの比重が大きくなったことの結果だとも考えられる。たとえば、労働力の豊富な途上国との貿易が増えたことで、産業構造が変化したとも考えられる。しかし、事実を見るかぎり、非熟練労働者の需要が減少したのは、生産するモノが変わったからではなく、生産する方法が変わったからである。

しかし、技術の進歩によって大勢の人が被害を受けることが、実際にありうるのだろうか。ありうるし、過去にも例があった。チャールズ・ディケンズの小説を読んだことのある人なら、わかるはずだ。産業革命の時代には技術が空前の進歩を遂げたが、その結果、労働者の多くの実質賃金が上昇するまでには、長い年月がかかった。経済史の研究でも、

表12.1　今後アメリカで雇用が急増する職業（1992–2005年）

（カッコ内は新規雇用数の推計、単位：1000人）

	増加率（%）
在宅介護者（479）	138
カウンセラー、ソーシャル・ワーカー（256）	136
入院介護者、在宅看護者（166）	130
コンピューター技術者・科学者（236）	112
情報システム管理者（501）	110
理学療法・整体助手（57）	93
理学療法士（79）	88
弁護士助手（81）	86
特殊教育教師（267）	74
治療助手（128）	71
興信・探偵（41）	70
更正施設指導員（197）	70
ベビーシッター（450）	66
旅行案内業（76）	66
放射線治療技術者・技士（102）	63
保育園保母（44）	62
カルテ管理者（47）	61
オペレーションズ・リサーチ・アナリスト（27）	61
リハビリ療法士（24）	60
弁護士秘書（160）	57
幼稚園教師（236）	54
マニュキュア施術者（19）	54
プロデューサー、ディレクター、俳優、タレント（69）	54
言語療法士（37）	51
飛行機客室乗務員（47）	51
警備員（408）	51

出典：アメリカ労働統計局
注：増加率の高い職業が必ずしも、新規雇用数が多い職業とは限らない。雇用の絶対数の増加が最も大きいカテゴリーは小売業店員であり、1992〜2005年に786,000人（21%）の増加が見込まれる。

これが裏付けられている。それにしても、なぜそんなことになったのだろう。それはおそらく、産業技術が当初、労働力を大幅に節約できるとともに、巨額の資本を必要とするものだったからである。つまり、技術の進歩によって、企業家は一定の生産量をあげるために、人手を減らして投資を増やすようになった。その結果、労働需要が減少し、およそ五〇年にわたって実質賃金が停滞した。この間、イギリスの資産階級の所得は急増している。

現在の先進国でもおなじことが起きているというのが、経済学者のほぼ一致した見方である。産業革命期との違いは、技術進歩の利益にあずかっている人が、資本家ではなく、高度な技術をもつ労働者である点だけだ。

産業革命が、労働を節約し資本を必要とする性格の技術変化であったことは、容易に理解できる。動力織機がずらりと並んだ工場が、数千人の機織りに取って代わったことを考えてみるといい。こうした動きを背景に、イギリスでは一九世紀はじめ、ラッダイトの反乱（機械の打ち壊し）が起きている。このように、産業革命期については、一般的な意味での技術変化と経済学でいう技術変化との関係を、具体的なイメージでとらえることができる。それでは、最近の技術変化についてはどうだろう。つまり、財やサービスを生産する方法のどこが変わったために、非熟練労働者の価値が下がったのだろう。

はっきりいってしまえば、それはわからない。ただ、この問題を考えるうえで参考になる説はいくつかあり、いくつかの事実もある。

最近の技術変化が賃金格差の拡大をもたらしているとする説として、おそらくいちばんわかりやすいのは、コンピューターの急速な普及が、それを使いこなす知識をもつ人に有利に働いているという説である。この種の具体例はいくらでもある。経済学者のジャグディッシュ・バグワティは、「コンピューター・オペレーターが一人いれば、タイピストが六人要らなくなる」という実例を引いている。例はあくまで例であって、統計の代わりにはならないが、労働経済学者の本格的な研究でも、一九八〇年代に大卒労働者と高卒労働者の賃金格差が拡大した要因の半分は、コンピューターの普及であるとされている。

しかし、この説にはおそらく、もっと検討すべき点がある。一九七〇年以降、もっとも所得が増えている職業は弁護士、医者、そしてなにより企業幹部であり、コンピューターが普及したからこうした職種の需要が増えたとはいえそうもない。さらに、アメリカの所得格差の拡大はおどろくほど「フラクタル」な性格をもっている。つまり、学歴や職業による所得格差が拡大すると同時に、おなじ職業のなかでも所得格差が拡大している。一五年前とくらべて、弁護士と清掃作業員との所得格差が広がっているが、弁護士のなかでも所得格差が広がっている。この点も、コンピューターの普及によって、その使い方を知っている人の需要が増加したという単純な説では説明がつかない。

技術と所得分配の関係を考えるうえで、ひとつ興味深い説がある。自分ではコンピューターやファクスを操作しない一部の者の所得が増加し、他の人たちの所得が減少していることを説明できる説である。それは、シカゴ大学の経済学者、シャーウィン・ローゼンの「スーパースター」説である。一五年ほど前、所得格差がそれほど広がっていなかったころ、ローゼンはジャーナル・オブ・ポリティカル・エコノミー誌で、情報通信技術が、個人の影響力と支配力の及ぶ範囲を拡大すると述べている。舞台役者は数百人の観客にしか演技を見てもらえないが、テレビ俳優は数千万人の視聴者に見てもらえる。これほどの違いはないが、企業幹部、弁護士、さらに野心的な学者すらも、コンピューター、ファクス、電子メールを使えば、以前よりもはるかに行動範囲を広げることができる。その結果、賃金構造は「勝ち抜き戦」の様相を強めると、ローゼンは予測している。基準がどうあれ、いちばん優れていると評価された少数の人が高額の金銭的報酬を受け取り、人並みの能力しかない人は、わずかな報酬しかもらえないというのだ。ローゼンの分析で重要な点は、技術が直接、労働者に取って代わるのではなく、技術が一部の人の力を増幅させることである。その結果、幸運な優勝者があらわれて、そこまでは幸運でなかった大勢の人に取って代わるのである。テレビは、ナイトクラブに出演する多数の名もないコメディアンに取って代わったわけではない。しかし、ジェイ・リーノが取って代われる状況をつくりだした。

技術は今後も、少数の幸運な人に有利に働き、その他大勢には不利に働くのだろうか。それとも、後になってみたら、二〇世紀の最後の二五年間は、ふつうの人にとって不運な時代だったが、それは一時的な現象にすぎなかったことになるのだろうか。一見すると、技術の進歩にともなって、当然、能力の価値は高くなる一方のように思える。コンピューターなどの高度な情報システムが、アメリカ経済にとってますます重要になっている時代に、能力の価値が下がることなぞ、ありえないではないか。抜群の知的能力と才能をもつ人（ロバート・ライシュ労働長官のいう「シンボリック・アナリスト」になれる人）しか、よい仕事につけないのは、当然ではないか。

しかし、歴史の教訓によれば、最近の傾向が今後も続くと考えると、往々にして判断を誤る。技術は鉄道の線路より螺旋階段に近い。のぼっていくにつれ、つぎつぎに方向が変わっていく。産業革命の長期的影響がいい例だ。ビクトリア時代の未来学者にとって、労働節約型、資本集約型という産業技術の傾向は、永遠に続くものであり、資本家と労働者階級の溝は深まるばかりだと思われた。H・G・ウェルズは『タイム・マシン』（一八九五年）で、労働者が人間以下の地位に落ちる未来世界を描いている。しかし、こうしたビクトリア時代の予測は、結局外れた。それどころか、現在のように経済指標が発表されていれば、この小説を書くはるか以前から、労働者の賃金が上昇に転じていたことにウェルズは気づいていただろう。二〇世紀に入ってからは、国民所得に占める資本所得の割合が低下し、労働所得の割合が上昇している。

さらに、技術の進歩がかならずしも、熟練労働者の需要を高めるとはかぎらない。逆に、過去には機械化がもたらした主な結果のひとつとして、さまざまな職種で特殊技能の必要が減ったことがあげられる。手織機で布を織るには、相当の技能と経験が必要だったが、動力織機の操作なら、だれでもおぼえることができた。もちろん、これまでは、技術が進歩するにつれ、ある種の能力に対する需要が一貫して高まっている。それは、学校教育で養われる能力、いわゆる勉強ができる人の方が身につけやすい能力である。二〇〇年前には、読み書きの能力を必要とする仕事は、わずかしかなかった。一〇〇年前には、現在の大学レベルの知識を必要とする仕事は、ごくわずかであった。ところが、現在では大学教育は金持ちの贅沢ではなく、実用性の高いものになっており、キャリア志向の人にとっては必須の条件になっている。

しかし、こうした傾向がいつまでも続くとはかぎらない。技術が本来、大学教育集約型になり、大学教育節約型にはならないといえる理由は、どこにもない。これはなにも将来の話ではなく、現在でも起きていることである。実際の例もあげることができる。たとえば、この小論は買ったばかりのワープロで書いているが、マニュアルを読まなくても使える。グラフィック・インターフェースのおかげで、アイコンのメニューを選択すればいいようになっているので、どうすればよいか、たいていはわかる。わからなくなったら、ボタンを押すだけでヘルプ画面を呼び出せる。「ユーザー・フレンドリー」という言葉は、以前よりも能力を必要としない生産技術を意味している。

しかし、こうした逆転現象はあくまで例外であり、一般的な傾向にはならないのではないだろうか。かならずしも、そうとはいえない。むしろ、技術は長期的に、「シンボリック・アナリスト」の仕事の価値を低下させ、だれでももっている能力の価値を上昇させる傾向にあるとわたしは考えている。優れた専門家といえども、厳密な論理に沿って考えることは案外、苦手である。ところが、ごくふつうの人でも、スーパー・コンピューターもはるかに及ばないほど、あいまいな情報処理をこなしている。人工知能を提唱したマービン・ミンスキーは、こう指摘する。「一九五六年のプログラムでは、計算問題が解けた。六一年のプログラムでは、大学レベルの数式が解けた。七〇年代になってようやく、ロボットのプログラムがつくれるようになったが、子供が積み木を積み重ねる程度の認識能力と制御能力しかなかった。……なんでもない常識だと思われていることが、じつは、高等だとされている専門知識より複雑である場合が多い」。チェスのプログラムはいまのところ、世界チャンピオンを破るほどの実力はないが、いずれは勝てるようになるだろう。しかし、顔を見分ける点で二歳の子供程度の認識能力をもつプログラムは、いまだに遠い夢である。

最近、『プレイヤー・ピアノ』を読み返してみて、ボネガットが四〇年以上も前に描いていた完全自動化工場に、現実味を感じた。しかし、いったいだれが工場を（あるいは、小説に登場する産業エリートの家を）掃除するのだろうという疑問がわいた。こうした日常的な仕事が自動化されているかどうかについて、いっさい触れられていないのは、決して偶然ではない。なんでもないと思われている仕事をこなせる機械、つまり、ふつうの人の常識を備えて、単純仕事をこなせる機械をつくれるようになるのは、ずっと先のことであると、ボネガットはわかっていたに違いない。

そこで、こう考えることもできる。将来、税理関係の弁護士の多くが、エキスパート・システム・ソフトに取って代わられることはあるかもしれない。それでも、人間でなくてはできない仕事、しかも賃金の高い仕事はまだ残っている。庭の手入れ、家の掃除など、ほんとうにむずかしい仕事は、たくさん残っているはずだ。消費財価格が着実に低下し、こうしたサービスが家計支出に占める割合はますます大きくなっていく。ここ二〇年間、優遇されてきた高度な専門能力を必要とする職業が、一九世紀はじめの機織りとおなじ道をたどることになるかもしれない。機織りも、糸紡ぎの機械化にともなって所得が急増したが、やがて、産業革命の波が自分たちの職種に及んで没落した。

したがって、現在のように所得格差が拡大し、ふつうの仕事の価値が下がる現象は、一時的なものに終わるとわたしは考えている。むしろ、長い目で見れば、形勢が逆転することになるだろう。不自然だからこそ希少価値のあった特殊な仕事は、ほとんどがコンピューターによって取って代わられるか、簡単になる。しかし、だれにでもできる仕事はまだ、機械が代わりをすることはできないだろう。つまり、いまの不平等な時代が過ぎ去り、輝かしい平等の時代が訪れることになるだろう。もちろん、さらに長い目で見れば、人間のすることを機械がすべてこなせるようになる。しかし、そのころには、この問題を考えるのも機械の仕事になっている。

［注］

（1）この点に関する詳細な議論については、ハーバード・ビジネス・レビュー誌（一九九四年夏号）に掲載されたわたしの論文を参照されたい（本書第4章に転載されている）。経済学者のユルゲン・エルメスコフは、雇用創出に関する文献をまとめた調査、*High and Persistent Unemployment: Assesment of the Problem and its Causes*（1993）で、「失業の増加を説明するものとして、貿易が最大の要因とは思えない」としている。

（ザ・ウィルソン・クォータリー誌一九九四年秋期号五六〜六四ページより転載）

第13章　世界経済のローカル化

経済学はむずかしいと思っている人が少なくない。貿易、国際金融の話となればなおさらだ。こうした場合、だれでも、具体的なイメージを描けるような例を探すものである。そして、ふつう国際市場で成功している（または失敗している）企業に、例を求める。

しかし、こうした例によって考えていくと、理解を誤ることが多い。ゼネラル・モーターズは、社内の人間がどう考えていようと、アメリカ経済を代表しているわけではない。たとえ、どの企業を調べようとも、どれほど多くの企業を調べようとも、アメリカ経済の全体像をとらえることはできない。一国の経済は、部分の寄せ集めではないのだ。アメリカ経済がどのように変化しているかを理解するには、生産者と消費者が互いに影響しあっていること、国際的な企業競争の実例を寄せ集めたところで、こうした相互作用は見えてこないことを頭に入れておく必要がある。

それにしても、国の経済は大きすぎて、ふつうの人は実感がわかない。全体像をつかむヒントになるようなものはないだろうか。

少し変わった答えになるが、経済学者の間で一般的になっている方法を使ってみるのもよいだろう。アメリカ経済を理解するには、アメリカの都市を調べるのがいちばんである。そこで、以下では、時代と場所が異なる二つの都市、一〇〇年前のシカゴと現在のロサンゼルスについて見ていくことにする。この二つの都市はいずれも、半世紀の間に村から大都市へと急速に発展している。また、いずれもアメリカの大都市であり、アメリカを象徴する都市だといってよい。それぞれの都市がもつエネルギー、ライフ・スタイル、さらには抱える問題までも、その時代のアメリカ社会、アメリカ経済の特徴を示している。アメリカ経済の実態と世界経済での位置づけが誤解されている場合が多いが、そうした誤解を多少なりとも解きほぐすうえで、この二つの都市を比較するのが、わたしの知るかぎり最良の方法である。

一〇〇年前のシカゴと現在のロサンゼルスを頭に描いて、まず思いつくのは、対照的な特徴であろう。スノーベルトとサンベルト、内陸と太平洋沿岸という対比であり、経済に関して、この種の対比が語られることが多い。しかし、これは表面的な見方であり、現実的な経済分析ではなくキャッチ・フレーズにすぎない。実態を知るには、もう少し掘り下げる必要がある。

一八九四年当時のシカゴと一九九四年のロサンゼルスをくらべてみると、意外にも共通点が多いことがわかる。いずれも急速に大都市に成長した新興都市である。わずか五〇年ほどの間に、連鎖反応ともいえるブームで村から大都市へと変貌をとげている。また、いずれも移民のまちである。現在のロサンゼルスが一部の白人にとって外国のように思えるとすれば、外国生まれの住民が半数を占めていた一九〇〇年当時のシカゴを見たら、なんと思っただろう。

いうまでもなく、当時のシカゴも現在のロサンゼルスも貧富の差が激しく、人間社会の進歩を楽観することが許されないほど、社会病理を抱えている。かつてのシカゴが、アメリカ史上最悪の都市であることはたしかだ。現在のロサンゼルスでも貧困層が増え、ギャングや麻薬も珍しくないが、少なくともいまのところ、かつてのシカゴほど社会問題が深刻になってはいない。

二つの都市をくらべてみて、いちばん意外な発見は、いずれも貿易と金融を通じて世界各地と密接につながっていることだろう。グローバル経済がつい最近できたばかりだと考えるのは、現代人のうぬぼれにすぎない。たしかに、新聞や雑誌を見れば、ボーイングとエアバスが競争し、日本の投資家がニューヨークの不動産を買い、BMWがサウスカロライナ州に工場進出し、世界の株式市場がヨーロッパからのニュースで変動している。このため、経済がかつてないほどにグローバル化していると思い込む。もちろん、一〇〇年前の人たちは、これほど世界が狭くなるとは思いもよらなかっただろう。しかし、当時、シカゴの精肉会社にとっては、ニュージーランドとの競争が切実な問題であった。鉄道交通の要衝であるシカゴには、各地から牛肉や小麦が運ばれ、ヨーロッパ市場に輸出されていた。これらの鉄道の建設費用は、大部分がヨーロッパの資本によってまかなわれていた。第一次世界大戦の直前には、イギリスの対外投資残高は国内資本ストックを上回っていた。その後、現在にいたるまで、主要国を見るかぎり、このような例はない。シカゴに染料やアスピリンを供給していた化学メーカーは、ほとんどがドイツを本拠とする多国籍企業であった。シカゴの商品取引所の先物市場は、現在とまったくおなじように、ウクライナの干ばつやブラジルの霜害のニュースに敏感に反応していた。もちろん、いまでは一ミリ秒ですむ海外送金も、当時は数時間かかったし、いまと違って、あさってから一泊でブエノスアイレスに行こうと思い立つ人もいなかった。しかし、経済の本質を見れば、一八九四年当時のシカゴは、現在のロサンゼルスとおなじくらい、グローバル化していた。いうまでもなく、ほんとうの意味でのグローバル経済を可能にしたのは現代技術であるが、グローバル化の契機となった技術は、蒸気機関と電報であったことがわかる。

政治がグローバル経済を抹殺した

これが事実だとすれば、なぜ、グローバル市場がつい最近できたものだと思われているのだろう。それは、最初のグローバル経済を政治が抹殺したからである。一九一四年から四五年にかけての戦争と保護主義によって、それまでシカゴと世界各地を結んでいた貿易、投資の緊密なつながりや、故国の家族との絆が断ち切られてしまったのだ。ある意味では、世界はいまだに回復していない。あまり知られていないが、世界生産に対する世界貿易の比率が一九一三年の水準に回復したのは、意外にも七〇年ころのことである。さらに意外なことに、ネットの国際資本フロー（つまり、実物投資をともなわない複雑な金融取引を除いた資本フロー）の世界貯蓄に対する比率を見ると、ここ数年の「新興市場」ブームの期間ですら、第一次大戦以前にはるかに及ばない。また、最近、アメリカへの移民が急増していると懸念の声があがっているが、自由の女神像を建てて移民を歓迎した第一次大戦以前ほどの大規模な民族移動はその後、現在にいたるまで見られない。

しかし、こうした共通点とは別に、現在のロサンゼルス経済には明らかに、一〇〇年前のシカゴ、あるいは当時のどの都市とも大きく異なる点がある。それは、どのような違いなのだろうか。

最大の違い（庶民の生活水準が飛躍的に向上していることは別として）は、現在のロサンゼルス経済が、いわばとらえどころがないことである。つまり、物質的な世界との接点が見えにくい経済なのだ。

たとえば、都市について考えるうえで、いちばん基本になる質問について考えてみよう。その都市がどこにあるのか、なぜその場所にあるのかという問題である。一〇〇年前のアメリカの鉄道地図を広げれば、シカゴが大都市になった理由がすぐにわかるはずだ。シカゴは鉄道がつくった都市である。中西部各地から鉄道路線が集まるとともに、東部と結ぶ幹線の起点でもあった。まさに、地中に張りめぐらした根から栄養を吸い上げ、太い幹へと送り込む役割を果たしていた。中西部の資源の集散地がシカゴでなければならない必然性はなかったが、地理的条件を見れば、ミシガン湖の南岸のどこかが集散地になるのは、かなり自然であった。歴史家、ウィリアム・クロノンはシカゴを「天然の大都市」と呼んでいる。

一方、アメリカ第二の都市、ロサンゼルスはなぜその場所にできたのだろうか。かつては石油が出たが、掘りつくされてしまった。空気がきれいで天候がよいことから、かつては映画産業に適した場所であった。しかし、現在では屋内やロケで撮影されているし、空気はスモッグで汚れている。かつては航空産業に適した場所であった。飛行機を屋外で組み立て、その場でテスト飛行をしていたからだ。しかし、最近では、組み立て作業は工場のなかで行われている。それに、ロサンゼルス空港の上空でテスト機が勝手に旋回したら、管制官がいい顔をするはずがない。ロサンゼルスの代表的な産業がなぜそこに立地しているのか（なぜそこに興ったかではなく）を考えようとすると、かならず堂々めぐりになる。映画撮影所がそこにあるのは、専門技能をもつ人がたくさんいるからだが、専門家がそこにいるのは、映画の仕事があるからだ（もっとも、産業立地を考えるうえで、こうした堂々めぐりは別に間違いではない）。

このように、ロサンゼルス経済は、地理的条件とは関係がなくなっているように見える。ロサンゼルス住民が生計を立てるためにしていることは、ほとんどが、どこの都市に住んでもできることだ。一八九四年当時、三〇〇万の人たちがシカゴに住んでいたのは、そこが中西部の玄関口であったからであり、背後に農場、森林、鉱山が控えていたからである。ところが、現在、ロサンゼルスに住む一一〇〇万の人たちは、人がいるからそこにいるのである。ロサンゼルスのまちを一〇〇〇キロ離れたところにそっくり移したとしても、経済基盤はほとんど影響を受けないだろう。

それなら、経済基盤はどうなっているのだろうか。一〇〇年前のシカゴは、なにで成り立っていたのだろう。現在のロサンゼルスは、なにで成り立っているのだろう。

かつてのシカゴは、カール・サンドバーグが端的に語っているように、「世界の食肉取引の中心地」であった。この他、木材や小麦の取引、農機具の製造、石油精製、製鉄などの産業があったことはいうまでもない。一八九四年当時のシカゴは、モノをつくるか、あるいは中継することで成り立っていた。まちを一回りするだけで、シカゴがアメリカ経済、世界経済のなかでどのような役割を果たしているのか、だいたいはつかむことができた。

それでは、ロサンゼルスはなにで成り立っているのだろう。映画産業で働く一部の人は別として、ロサンゼルスの労働者は、他の都市の労働者とおなじように見える。職場、住宅、さらに、まち全体がどこの都市とも、よく似ている(むしろ、最近はどの都市もロサンゼルスに似ているといった方がよいかもしれない)。郊外のモールで、ホワイトカラーの人波がオフィスビルに吸い込まれ、吐き出されてくる様子を眺めたら、ロサンゼルスの経済と、アメリカの他の大都市の経済との違いをあげるのはむずかしいだろう。この面でも、ロサンゼルス経済には、土地柄を感じさせるようなものはなにもない。

ロサンゼルスの職場はなぜ、これほど外見上の特徴がないのだろうか。ロサンゼルス経済が多様化しているからだと、答えたくなるかもしれない。ロサンゼルス経済が見た目だけでなく、生産しているモノも「アメリカに似ている」からだ、という答えが返ってきそうだ。しかし、それは正解とはいえない。最近、ロサンゼルスが深刻な不況に陥っていることを見れば、多様化しているとはいえないはずである。地域経済学では、その地域の「輸出ベース」と「非輸出ベース」を区別することが多い。「輸出ベース」は、国内、国外を問わず域外に売る財・サービスのことである。「非輸出ベース」は、域内の消費者を対象としており、保険代理店、ファーストフードの店員、歯科医などが提供する財・サービスがこれにあたる。この分類にしたがえば、ロサンゼルスの輸出ベースが実際には特化していることがわかる。ロサンゼルスにはさまざまな産業があるが、少数の基幹産業、つまり娯楽、防衛、宇宙航空産業に大きく依存している。つい最近、カリフォルニア州南部が不況の波をまともにかぶっているのは、このためだ。世界の航空機受注の低迷にアメリカの国防費の大幅削減が重なり、地域経済全体が落ち込んでいる。

しかし、ロサンゼルス経済がそれほど特化しているとすれば、経済学の手法をもちだすまでもなく、一見してわかるはずではないか。ひとつの答えとして、見た目では職業の区別がつかなくなっていることがあげられる。一〇〇年前には、服装を見れば職業がわかることが多かったが、いまでは、ロサンゼルスの航空機メーカーの従業員は、ニュージャージーの薬品メーカーの従業員と区別がつかない。ロサンゼルス経済がとらえどころがなくなっている理由は、ここにもある。

しかし、もっと別の理由がある。これはなかなか理解してもらえそうにないが、ロサンゼルスが世界に売っている財・サービスの種類は、意外に少ない。つまり、ロサンゼルスで働く人の多くは、遠くの消費者になにかを売っているわけではない。裏を返せば、ロサンゼルスの雇用の多くは、「非輸出ベース」の業種に依存しており、ロサンゼルスで生産される財、そして、とくにサービスの多くは、地元の労働者によって地元の消費者に提供され、地元で消費される。消費するものの種類（ショッピング・モールの店員、弁護士、指圧師、教師などが提供するサービスなど）はどこに住んでもほとんど変わらないため、ロサンゼルス経済が「アメリカに似ている」と感じることになる。

しかし、一〇〇年前のシカゴについても、それがいえるのではないか。いえないことはないが、いまのロサンゼルスほどではない。最近、経済がグローバル化している、あるいは、世界が狭くなっているとよくいわれるが、都市の経済を見ればローカル化が進んでいる。大都市圏に住む労働者のうち、圏内のみを対象にサービスを生産している者の比率は、着実に高くなっている。一八九四年当時のシカゴではおそらく、輸出ベースの雇用が全体の半分以上を占めていた。つまり、労働者の半数以上が精肉、製鉄などの仕事につき、シカゴ製とわかるものを世界に売っていた。現在のロサンゼルスでは、この割合はおそらく四分の一程度にすぎない。

ローカル化

経済がローカル化していることを考慮すれば、世界経済の一見、矛盾する現象も説明がつく。世界生産に対する世界貿易の比率が、一〇〇年前とくらべてそれほど大きくなっていない原因は、ローカル化の進行にある。実際の統計を見てみよう。一九九三年には、アメリカの国民所得に対する輸入の比率は一一パーセントとなっている。一八九〇年にはこれが八パーセントであった。露骨な保護主義政策をとっていた一九世紀とくらべて、現在のアメリカ市場が開放されていることを考えれば、この程度の増加は、増加とは呼べない。さらに、当時、他の国は、はるかに貿易依存度が高かった。一八五〇年代のイギリスでは、国内総生産に対する輸出の比率が約四〇パーセントに達しており、現在を上回っていた。しかし、現在では輸送、通信技術の進歩によって「付加価値連鎖の爆発的な拡大」が可能になったとよくいわれる。台湾のメーカーが、アメリカ製のマイクロプロセッサーにシンガポール製のディスク・ドライブを接続し、中国製のプラスチック・ケースに納めて、アメリカに輸出できるようになっている。このようにモノが行ったり来たりしているにもかかわらず、生産工程が単純だった一九世紀末とくらべて、貿易の比率がそれほど上昇していないのは、なぜだろうか。それは、工業製品の行き来はかつてなく激しくなっているが、その一方で、こうした貿易財がアメリカ経済に占める比重が着実に低下しているからだ。

これは決して偶然ではない。経済と技術の質的な変化に深く根ざした傾向である。まず、一見、矛盾する法則について考えてみよう。時がたつにつれ増えていく仕事は、アメリカ経済が得意な分野の仕事ではなく、不得意な分野の仕事である。アメリカ農業の生産性はきわめて高い。その結果、アメリカは食糧の自給はもとより、世界各国に大量の農産物を輸出しているが、労働人口に占める農業部門の就業者の比率は二パーセントにすぎない。これに対し、レストランで給仕したりレジを打つのに必要な人手は、一〇年一日のごとく変わっていない。アメリカの雇用増加の多くを外食産業や小売業が占めている背景には、こうした理由がある。生産性の伸びが大きい産業では、雇用が増加するのではなく減少する傾向にある。

それでは、アメリカ経済のなかで生産性の伸びが大きい産業はどれだろうか。まず、モノ（食料、衣料、自動車など）をつくる分野では生産性が上昇しているが、サービス業の生産性はあまり上昇していない。さらにいうなら、必要な情報をパターン化し、コンピューターやロボットのプログラムを組むことが比較的容易な分野では、生産性が大幅に上昇している。逆に、散髪や医療など情報処理の手順がわかりにくく、きわめて複雑な仕事、つまり、いわゆる常識が重要な要素になっている仕事では、生産性の伸びははるかに低い。

コンピューターやロボットに人間の代わりをさせることができない仕事、人間の感性を必要とする仕事は、直接に人と接するタイプの仕事でもある。農業、製造業、対人サービス以外のサービス業の生産性がきわめて高くなったため、アメリカ経済は他の分野、つまり貿易財以外のモノとサービスを生産することに力を入れるようになっている。その結果、最近では、都市住民の多くが「非輸出ベース」の仕事についている。ロサンゼルス住民の多くが地元で消費されるサービスを生産しているのは、このためだ。ニューヨーク、ロンドン、パリ、それに現在のシカゴでも事情はおなじである。

これでようやく結論に入ることができる。アメリカ経済を懸念する人は多い。これは当然である。アメリカ経済は実際に、たくさんの問題を抱えている。しかし、こうした人たちは見当違いの心配をしていることが多い。たとえば、「空洞化」の問題だ。製造業の職はいったい、どこにいってしまったのだろうと嘆く。そして、アメリカ経済が以前と違って、とらえどころがなくなっているのを見て、なんとなく不健全な気がしており、「消費は豊かだが、生産はそうとはいえない」(最近の『国際競争力年報』の言葉)と心配する。

しかし、ロサンゼルスを見るといい。典型的な工業都市ではないが、アメリカの他の人都市とくらべれば、製造業の比率が高いことはたしかだ。統計があれば、ロサンゼルスの工業製品輸出が輸入を上回っていることが、おそらくわかるだろう。ロサンゼルス住民の多くが、目に見えるものを生産しているわけではないが、それは、目に見えるものを生産することが得意なために、目に見えないものの生産にエネルギーを傾けているからである。一〇〇年前のシカゴと違うからといって、いまのロサンゼルスに問題があると考えるべきではない。

いうまでもなく、ロサンゼルスは現在、深刻な不況に陥っている。景気予測が専門のエコノミストは、今の不況はたまたま悪い条件が重なったためだと見ており、大幅な回復を予想している。しかし、今後、ロサンゼルスの景気が回復するにしても、以前とくらべて足取りが鈍くなる可能性もある。技術の進歩によって、二一世紀には別のタイプの都市が繁栄することになるだろう。あるいは、経済がさらにとらえどころがなくなり、全員が都市を脱出できるようになるかもしれない。しかし、ごく近い将来や遠い将来は別として、ロサンゼルス経済、アメリカ経済の見通しを言うならこうなる。外の世界とのつながりはとらえにくい面もあるが、基本的に経済はまともであり健全である。経済がとらえどころがないと、つい不安になるものだが、都市や国の豊かさはそう簡単に衰えたりはしない。工場閉鎖や製造業の衰退をもちだして、国際競争の脅威を訴える人がいたら、かつてのシカゴと今のロサンゼルスの違いを思い起こして、こう反論しよう。「昔は昔、今は今。アメリカ経済は今もしっかりと機能している」。

（ニュー・パースペクティブズ・クォータリー誌一九九五年冬季号三四〜三八ページより転載）

解説

伊藤 元重

ポール・クルーグマンは、現代の代表的な国際経済学者である。戦略的通商政策、産業内貿易の理論、経済地理学における新理論、為替レートに関するさまざまな研究など、国際経済学において第一人者としての地位を確立しただけでなく、アメリカ経済学会においてもっとも優れた経済学研究を行った四〇歳までの経済学者に贈られるクラーク・メダルの受賞者であることからもわかるように、経済学全般に大きな影響力を発揮している経済学者である。

このように優れたアカデミック研究者であるクルーグマンであるが、その活躍は学界だけにとどまるものではない。むしろ最近は、現実の経済政策に積極的に発言することで、ビジネスマンや政策担当者の間でも名前が知られている。日本経済を「流動性の罠」の状態にあると診断し、インフレ期待を創出させる量的緩和が金融政策として望ましいと主張したことも記憶に新しい。彼の政策論評は、他のおおかたの評論家やエコノミストと違い、きちっとした経済学の考え方に基づいたたいへんに切れ味のよいものであり、多くの場合、常識的な議論とまっこうから対立するものとして注目される。

経済学者は、長い間、保護主義的な考え方を打破しようとしてきた。アダム・スミスの『国富論』は強烈な重商主義批判であるし、リカードの有名な比較生産費説は穀物法という保護主義的な法案に対する批判のなかから生まれた学説である。しかしクルーグマン自身もほかのところで書いているように（記憶に基づいているので表記は正確ではない）、「保護主義は現実経済の複雑化を背景に、形態を少しずつ変えながらしぶとく残っている。経済学者はそうした保護主義を打破して自由貿易主義を広めなければならないが、そのためには経済学者自身が現実の経済の動きをきちっとフォローして自らの議論をアップデイトしなくてはならないのだ」。

こうした意味からは、経済学者なかんずく国際経済学者であるクルーグマンにとって、保護主義の打破は自らの使命であると考えているのだろう。そうした目で見ると、現代のアメリカにおける評論家、エコノミスト、政治家たちの保護主義的な議論のなかには目に余るものがある。そうした誤った俗説、しかし影響力のある俗説を理論的に打破することは、アカデミズムの本流にいるクルーグマンにとって重要な使命である。

本書のなかには、クルーグマンのそうした面がはっきり出ている著名な論文が多数収められている。とりわけ第1章の「競争力という危険な幻想」はフォーリン・アフェアーズ誌に掲載されて以来多くの反響を呼んだものである。多くのエコノミストや評論家が競争力あるいは競争という用語をきちっとした定義もないまま用い、そうした議論が政策形成に好ましくない影響を及ぼしているというのがクルーグマンの論調である。当時現役の閣僚であったロバート・ライシュ労働長官（それ以前はハーバード大学教授）、ローラ・タイソン大統領経済諮問委員会委員長（それ以前はカリフォルニア大学教授）、著名なエコノミストであるレスター・サロー、保護主義的なスタンスを強くもつ評論家のプレストウィッツなどを名指しで批判したものであったため、それだけ話題性が大きかった。この本のなかでもこの論文が引き起こした反響の大きさを知ることができる。第2章の「反論に答える」のなかでは、最初の論文のなかで名指しで批判された人たちが行った反論に対して、再反論が提示されている。

このほか、第5章の「貿易をめぐる衝突の幻想」、第7章の「経済学の往復外交」なども、そうした保護主義論争の一連の議論として読むと面白い。クルーグマンのこの一連の保護主義批判が出たとき、多くの経済学者が喝采したはずだ。実際、当時のアメリカの保護主義論者たちの議論はひどいものだった。しかもそうした人たちが、政府の主要なポストに座ったり、影響力のある評論家（けっして経済学者ではない）として多くの発言をしていたのだ。そうした誤った考え方を正すのも経済学者の使命であるとすれば、クルーグマンの議論のもつ意味は大きかったのだろう。

競争力批判とは違うラインの議論だが、保護主義的な考え方への批判の論文として、第

3章の「貿易、雇用、賃金」と第4章の「第三世界の成長は第一世界の繁栄を脅かすか」も、重要な問題を取り扱っている。「発展途上国の経済発展によってこれらの経済の低賃金労働で生産された商品が大量に輸出され、先進工業国の労働者は失業や賃金下落という大きな被害をこうむっている」。こういった保護主義的な見方が先進工業国のなかに次第に強くなっている。クルーグマンは第3章において、こういった議論が、いかに現実の数字の根拠もないいいかげんな議論であるかということを指摘している（共著者のローレンスは著名な国際経済学者である）。アメリカの賃金や雇用に関する問題は、その大半が国内に起因するものである、というのだ。そのような議論の延長線上で、第4章において発展途上国の経済発展が先進工業国の所得を下げるという議論がいかに根拠のないものであるかということを、いろいろな経済モデルを紹介しながら説明している。

クルーグマンの一連の議論を見ていると、かつてMIT（マサチューセッツ工科大学）で彼に貿易論を教えたジャグディッシュ・バグワティ（現在はコロンビア大学教授でクルーグマンと同じく保護主義批判の評論でも有名）が保護主義に関して用いた比喩を思い出す。

保護主義の議論はどこかかつての天動説に似ている。地球は丸いというよりは平らであるという方がわかりやすいし、地球が太陽の周りを回っているというよりは、太陽が地球の周りを回っているという方がわかりやすい。少なくとも日常の生活感覚ではそうした見方の方がわかりやすい。ガリレオをはじめとする科学者はこうした俗説を打破するため、科学的な事実を世間に受け入れられるような努力を続けてきた。そのため教会という権威とも闘った。いまや、地球は平らであると信じている人は少ないだろう。地球が丸いということを説得的に説明した科学者たちの勝利である。

同じような意味で、保護主義者たちの議論はわかりやすい。「アメリカと日本は競争しており、日本の勝ちはアメリカの負けである」、「第三世界からの輸入が増えれば、先進国の労働者は失業する」。こうした、わかりやすい、しかし、誤っている考え方を打破するのは、現代の経済学者の大きな使命である。とはいえ、アダム・スミス以来のそうした努力にもかかわらず、いまだに保護主義が闊歩しているということは、保護主義は天動説よりもその打破がむずかしいのかもしれない。本書はそうした試みのひとつなのである。読者は本書を読んで、どれほど「地動説」を信じる気になっただろうか。

本書には、保護主義論争以外にも、話題になった論文が収められている。そのひとつが、第11章の「アジアの奇跡という幻想」である。この論文で、クルーグマンはアジアの経済発展がまだ未成熟であることを指摘している。クルーグマンの展開した議論は、経済学の専門家のなかではある程度知られていることだが、一九九七年に通貨危機が起きるまで、アジアの奇跡的な成長に関するマスコミの論調を無条件に受け入れてきた一般読者には、この論文はショックであったと思われる。

ここでのクルーグマンの議論は、彼自身による研究というよりは、学界の何人かの研究を紹介したものである。経済成長のダイナミズムの内容を知るための手法として成長方程式というものがある。経済成長を、労働や資本などの生産要素の増加による部分と、技術進歩による部分に分解する手法である。よく知られている事実であるが、先進工業国では経済成長のかなりの部分は生産要素投入の増加ではなく、技術進歩（専門用語で全要素生産性）によって説明される。生産要素の投入によって経済成長するのは、ある意味であたりまえのことである。労働者の数が倍になったり、資本設備が増えれば生産量が拡大するのはあたりまえであるからだ。そういった経済成長は長続きしない。先進工業国の経済発展が長続きしたのは、それが生産要素投入の増加ではなく、技術進歩によるものであったからだ。統計的な分析でいえば、上記の全要素生産性の貢献部分が大きかったのである。ところが、中国や東南アジアの九〇年代前半までの経済成長の実態を統計的に分析してみると、驚くほど全要素生産性の貢献部分が少なく、成長の大半が生産要素の投入によるものであることがわかるというのが、クルーグマンの主張なのである。

要するに、先進工業国から大量の直接投資が入り資本が増大し、そして人々の教育水準があがり労働の質が向上する（これは統計的には労働サービスの増加となる）などの要因によって、アジア諸国は成長してきた。しかし、直接投資はアジア通貨危機のときのように停止する可能性があるし、労働者の質の向上にも限度がある（高学歴化には限度がある)。アジア諸国の経済成長が全要素生産性に依存するものに転換しないかぎり、これらの国の経済成長はいずれ止まってしまう可能性がある。それは、ちょうどかつてのソ連に似ている。計画経済のなかで生産要素投入を増やして成長したかに見えたソ連であるが、それが全要素生産性による技術革新型の成長に結びつけることができなくて、結局、経済成長が止まってしまったのである。

アジアの成長がかつてのソ連と似ているという指摘に対しては、異論をもつ人も多かった。現に経済学者のなかからも、クルーグマンの議論はナイーブすぎるとの反論が出た。しかし、少なくともクルーグマンはアジアの成長についてそれが本物であるか否か、もう一度世の中の議論を喚起することには成功したようだ。世界のあちこちで、この章の元になった論文に関してさまざまな議論が行われるようになったのだ。

以上、本書のいくつかの章の元になった論文を紹介してみた。クルーグマンは本書のなかで、「大学生が国際経済学を学ぶ目的は世の中に横行している俗説をおかしいとわかる能力を身につけることである」といった趣旨のことを記している。これはちょうど、かつてケインズの高弟のジョーン・ロビンソンが、「経済学を学ぶ目的は経済学者に騙されないためである」と指摘したことに似ている。わたしはこれを、「経済学を学ぶ目的は〝エコノミスト〟に騙されないで自分の頭で考える力をつけることである」と読み替えることにしている。構造調整に直面した日本には多くの経済学的な議論が流布しているが、そのなかにはずいぶんおかしな議論が多い。しかも、そうした「わかりやすい」俗説がけっこう影響力をもつものだ。この本を通じて、読者がそうした俗説に対する批判力をつけてくれることを期待したい。

（東京大学教授）

本書は一九九七年三月に日本経済新聞社から刊行された『クルーグマンの良い経済学悪い経済学』を、文庫化にあたって改題したものです。

日経ビジネス人文庫

良《よ》い経済学《けいざいがく》 悪《わる》い経済学《けいざいがく》

2000年11月7日 第1刷発行
2000年12月1日 第2刷

著者
ポール・クルーグマン

山岡洋一《やまおか・よういち》=訳

発行者
小林豊彦
発行所
日本経済新聞社
東京都千代田区大手町1-9-5 〒100-8066
電話(03)3270-0251 振替00130-7-555
http://www.nikkei.co.jp/pub/

ブックデザイン
鈴木成一デザイン室

印刷・製本
凸版印刷

Printed in Japan ISBN 4-532-19010-X

日本の経営 アメリカの経営

八城政基

40年にわたる多国籍企業でのビジネス経験を通して、バブル後の「日本型経営」に抜本的転換を迫る。日米企業文化比較論の決定版!

稲盛和夫の実学 経営と会計

稲盛和夫

バブル経済に踊らされ、不良資産の山を築いた経営者は何をしていたのか。ゼロから経営の原理を学んだ著者の話題のベストセラー。

良い経済学 悪い経済学

ポール・クルーグマン
山岡洋一=訳

「国と国とが競争をしているというのは危険な妄想」「アジアの奇跡は幻だ」人気No.1の経済学者が、俗流経済論の誤りを一刀両断!

大学教授の株ゲーム

斎藤精一郎・今野 浩

経済学者と数理工学者の著者コンビが、様々な投資法を操り相場に挑戦!――銘柄選択、売り買い判断など、勉強になること間違いなし!

デルの革命

マイケル・デル
國領二郎=監訳

設立15年で全米1位のPCメーカーとなったデルコンピュータ。その急成長の鍵を解く「ダイレクト・モデル」を若き総帥が詳説。

金融法廷

岩田規久男

怒りとともに学ぶ現代金融! 住専問題、山一倒産などを題材に、金融行政の誤りを明らかにする知的エンターテインメント。長銀篇を増補。

基本のキホン
地球の限界と
つきあう法

三橋規宏

「米国景気と環境問題の関係」「日本の『もったいない精神』を欧米人にどう伝えるか」など、ユニークな視点からの体験的地球環境入門!

市場主義

伊藤元重

日本経済のミクロの問題から国際経済の動向まで豊富な事例を駆使して、規制改革と市場メカニズム導入の意義をわかりやすく解説。

基本のキホン
あなたが創る顧客満足

佐藤知恭

あなたが満足していなければ、お客さまの満足は創れない。働き方、学び方へのアドバイスも交え、顧客満足の理論と実際をやさしく解説。

基本のキホン
これで納得!
日本経済のしくみ

内田茂男

景気、経営、財政、金融などの日本経済のしくみについて、経済理論の基礎や歴史的背景などをまじえ、解説する格好の入門書!